Küferhandwerk im Rheinland

Schriftenreihe des
Freilichtmuseums Sobernheim
Nr. 3

Herausgegeben vom Zweckverband
Freilichtmuseum Sobernheim
mit Unterstützung
des Landes Rheinland-Pfalz,
des Landkreises Bad Kreuznach,
der Stadt Sobernheim,
des Landschaftsverbandes Rheinland
und des Freundeskreises Freilichtmuseum Sobernheim

Gerd Bayer und Klaus Freckmann

# Küferhandwerk im Rheinland

Rheinland-Verlag GmbH · Köln
in Kommission bei
Rudolf Habelt Verlag · Bonn

Titelbild: Bemalte Hausfassade des 18. Jh. in St. Aldegund an der Mosel, Christophorusstr. Nr. 10.
Rückseite des Umschlages: Küfer-Handwerkerzeichen des 18. Jh. in Zeltingen an der Mosel, Engelbertstr. Nr. 16.


Redaktion: G. Bayer und K. Freckmann
Fotos: Alle Neuaufnahmen (Farbe und Schwarzweiß) von D. B. Steinicke/Wittlich. Sonstige Aufnahmen: Abb. 25 — Historisches Museum der Pfalz/Speyer; Abb. 26/27 — Küferei Ph. Lauff, 6551 Weinsheim; Abb. 97 — Küferei H. Hösch, 6551 Hackenheim; Abb. 100 — Faßfabrik W. Ruland, 5309 Meckenheim.
Herstellung: Publikationsstelle des Landschaftsverbandes Rheinland
Druck: Prinz-Druck KG, Fischbach/Nahe
ISBN: 3 - 7927 - 0423 - 4

# Inhalt

# Vorwort

»Küferhandwerk im Rheinland« ist der Titel einer Ausstellung im rheinland-pfälzischen Freilichtmuseum Sobernheim und dieser als Begleittext gedachten Broschüre. Ausstellung und Schrift sollen der Öffentlichkeit — nach den bereits im Museum präsentierten Themen des Tabakanbaues im Rheinland und des Töpferhandwerks — die Küferei, Faßbinderei oder Böttcherei als einen weiteren Bereich der volkskundlichen Sachkultur vorstellen.

Ohne den Einsatz engagierter Helfer hätte dieses Vorhaben nicht realisiert werden können. In erster Linie haben wir Herrn Küfermeister Edmund Wagner aus Zeltingen an der Mosel zu danken, der für uns eine Reihe von Gefäßen in der alten Herstellungsweise anfertigte. Herrn D. B. Steinicke aus Wittlich gelang es, alle Arbeitsgänge bis ins Detail fotografisch festzuhalten. Herrn Gerd Bayer von Briedel an der Mosel haben wir für sein Manuskript über die Küferzünfte und Innungen zu danken. Unter seiner Anleitung befragten Schüler der Realschule Zell etliche Küferfamilien zwischen Bernkastel und Cochem.

Die Anregung für den Fragebogen ging von Herrn Dr. G. Simons vom Amt für rheinische Landeskunde, Referat Volkskunde, Bonn, aus. Vom Antiquariat Günther Leisten zu Köln, den Archiven Koblenz, Trier und Bad Kreuznach sowie der Stadtbibliothek Nürnberg und dem Historischen Museum der Pfalz in Speyer erhielten wir wertvolle Hinweise auf frühe bildliche Darstellungen und Archivalien, die das Küferhandwerk betreffen. Herr Willy Schröter aus Einbeck unterstützte in seiner Eigenschaft als Vorstandsbeauftragter des »Verbandes des Deutschen Fass- und Weinküfer-Handwerks — Bundesfachverband« die Arbeit bedeutend. In diesem Sinne ist auch Herrn Jakob Schneiderheinze aus Flörsheim-Dalsheim zu danken, der der rheinhessischen Küfer- und Böttcher-Innung vorsitzt. Schließlich sei allen Küfern, Böttchern und Faßbindern gedankt, die uns in Form des ausgefüllten Fragebogens, des Bildmaterials und weiterer Informationen erst die Grundlage unserer Arbeit gaben. Auch möchten wir unseren Geldgebern für ihre Großzügigkeit ein Wort des Dankes sagen.

Sobernheim, September 1978

FRIEDRICH JETTER
Vorsitzender des Zweckverbandes
Freilichtmuseum Sobernheim

KLAUS FRECKMANN
Leiter des
Freilichtmuseums Sobernheim

# Einleitung

Das Handwerk des Holzküfers — bis in die fünfziger Jahre des zwanzigsten Jahrhunderts in waldreichen Gegenden, besonders in der Nähe von Weinbau und Braugewerbe noch weit verbreitet — ist heute nur relikthaft anzutreffen. Symptomatisch für diese Entwicklung sind die verschwindend geringe Zahl der noch selbständigen Meister, die Umsatz- und Stückzahlstatistiken etwa gefertigter Fässer oder die in den Stammrollen der Innungen festgehaltenen Eintrittsdaten der Lehrlinge. Entschlossen sich beispielsweise zwischen 1926 - 1935 im Kreis Worms jährlich drei Abgänger der Volksschule, 1936 - 1945 fünf und in der Zeit 1946 - 1955 sogar im Jahresdurchschnitt neun, das Küferhandwerk zu erlernen, so waren es in den Jahren 1956 - 1965 nur durchschnittlich zwei Bewerber, wie die Lehrlingsstammrolle dieser Küfer-Innung ausweist. Im Jahre 1969 wurde der letzte Lehrling eingeschrieben[1].

In der gegenwärtigen Situation des unaufhaltsamen Auszehrens dieses Handwerks — bedingt durch die im Vergleich zu Holzgefäßen rationelleren Metall- und Plastiktanks — übersieht man leicht, daß es sich einst um ein »nahrhaftes« und zahlenmäßig ansehnliches Gewerbe handelte. In der Mitgliederstatistik der Zünfte der Stadt Trier von 1572 sind 56 Faßbender aufgeführt, immerhin so viele, wie das Schneiderhandwerk vorzeigen konnte. Die wohlhabende Trierer Familie der Enkirch, in der einige Küfer- oder Faßbendermeister vertreten waren, stellte um 1600 mehrfach den Bürgermeister der Stadt[2]. In Köln gehörten die Küfer oder Böttcher — dort Faßbinder genannt — zu den stärksten Gaffeln, was auch in einem repräsentativen Gaffelhaus (Zunfthaus) nach außen hin kundgetan wurde[3].

Bezogen auf die verschiedenen Landschaften finden sich im Dialekt, aber auch in der Hochsprache mehrere Bezeichnungen für den Küfer. Im niederdeutschen Sprachgebiet dominiert der Böttcher, abgeleitet von dem zum Brauen benötigten Bottich. In Thüringen kennt man den Böttner, südlich und südwestlich davon den Büttner. Im Westen — so auch im Links- und Rechtsrheinischen — arbeitet der Küfer. Im Bayrischen ist der Namen Schäffler üblich, entstanden von Schaff (= nach oben offenes Holzgefäß). Im Norden war der Tonnenmacher für die Anfertigung von Holzbehältern und die darin versendete Ware wie Fisch oder Pelzwerk zuständig. In Österreich ist der Binder anzutreffen[4].

Eine weitere Differenzierung ergibt sich aus den verschiedenen Tätigkeiten, die der Küfer ausübt. Ein Weinküfer sieht seine Aufgabe vorzugsweise in der Pflege des Weines, vor allem im Keller und in dem Weingeschäft. Küfer, die sich auf große Arbeiten — Fuderfässer an der Mosel oder Stückfässer in den sonstigen Weinbaugebieten — verlegt haben, sind Großbinder. Ihnen stehen die Kleinbinder gegenüber, die kleinere Holzgefäße — Eimer, Butterfässer oder Kannen — herstellen. Der Schwarzbinder — ebenfalls ein Großbinder — verwendet nur harte Hölzer wie Eiche; der Rotbinder zieht dagegen die Rotbuche als Grundmaterial für seine großen Gebinde vor. Der Weißbinder — ein Kleinbinder — begnügt sich mit Tannen- und Fichtenholz, aus dem er kleine, leichte Gefäße fertigt. Der Lehlmacher oder Lägeler stellt die aus Holz gefügten Legel her (= auf dem Rücken beziehungsweise mittels einer Stange von zwei Männern zu tragende Kiepen oder Hotten), in denen Weintrauben vom Weinberg zum wartenden Wagen befördert werden[5].

Als zulieferndes Gewerbe der Küferei hatte die Fertigung von Faßreifen Bedeutung. Aus Haselnuß- und Birkenholzgerten geschnittene Reifen wurden auf Märkten — so in Kreuznach 1605 erwähnt — angeboten, analog zu den Faßmärkten, wie sie unter anderem von Bernkastel am St. Michelstag bekannt sind. Später, schon im 18. Jahrhundert, wurden die hölzernen Reifen allmählich durch eiserne verdrängt, die vom Schmied oder aus den Eisenhütten stammten[6].

Die fortgeschrittene Arbeitsteilung erhöhte sich noch durch die Zunft der Schröter, die vor allem den Transport der Weinfässer, das Verladen aus und in den Keller zu besorgen hatten. Mit Hilfe von Schrotleitern, Ketten und Stricken zog die Schröterkolonne das volle Faß aus dem Keller und hievte es auf den Wagen.

Bei der weit verästelten Berufsgruppe der Küfer, ihren hohen handwerklichen, fast kunsthandwerklichen Fähigkeiten wundert es nicht, daß die Küferei zu einem beliebten Thema innerhalb der Handwerksbeschreibung und der damit verbundenen künstlerischen Darstellung wurde. Erwähnt seien »Das Hausbuch der Mendelschen Zwölfbrüderstiftung zu Nürnberg« mit der Abbildung eines Büttners, der die Reifen über ein Faß treibt (datiert mit 1425). In ähnlicher Haltung zeigt sich Ende des 16. Jahrhunderts ein von Jost Amman(n), 1539-1591, vorgestellter Küfer. Auch der Faßbinder in Christoff Weigels »Abbild- und Beschreibung der Gemein-Nützlichen Haupt-Stände« von 1698 führt dieselbe Tätigkeit aus. Die ästhetischen Reize dieser und ähnlicher Blätter, die das jeweilige Handwerk aufgrund eines oder weniger charakteristischer Arbeitsgänge präsentieren, sind sicherlich unbestreitbar; wegen des fehlenden Kontextes ist allerdings der Informationsgehalt verhältnismäßig gering. Dieser Mangel wurde erst im 18. Jahrhundert behoben, als enzyklopädisch angelegte Werke genaue Kenntnisse über alle möglichen Handwerke verbreiteten. So enthält die von dem Kameralisten Johann Heinrich Gottlieb von Justi um 1760 herausgegebene Sammlung »Schauplatz der Künste und Handwerke, oder vollständige Beschreibung derselben, verfertigt und gebilliget von der Akademie der Wissenschaft zu Paris« (aus dem Französischen übertragen) einen Beitrag über »Die Böttgerkunst« von Fougeroux von Bandaroy (= Auguste-Denis Fougeroux de Bondaroy, 1732 -1789), der detailliert über das Handwerk Auskunft erteilt. Auf sechs Kupferstichtafeln sind alle wichtigen Arbeitsabläufe und zu fertigenden Gefäße dargestellt. In etwas einfacherer Ausführung nimmt sich auch P. N. Sprengels Werk »Künste und Handwerke in Tabellen« (1782) des Böttchergewerbes an. In der Nachfolge dieser Schriften, allerdings noch ausführlicher in der Beschreibung und bildlichen Darstellung, steht die in der ersten Hälfte des 19. Jahrhunderts von Friedrich Wilhelm Barfuß veröffentlichte Anleitung »Die Kunst des Böttchers oder Küfers«. (Zur Einsicht lag die zweite Auflage von 1847 vor.) Diese Schrift, die bis 1907 in der zehnten Auflage erscheinen konnte, entwickelte sich zum grundsätzlichen Lehrbuch des Küferhandwerks. Daneben lassen sich als jüngere Publikationen noch August Schmidts »Der Groß-Böttcher. Ein Hand- und Lehrbuch für Faßbinder« (1890) und Herbert Kindlers »Der Handwerksberuf des Böttchers und Küfers« (um 1949) nennen.

Vor allem aufgrund der Publikation von Barfuß erreichte schon im 19. Jahrhundert das Küferhandwerk einen hohen Informationsgrad und einen Einblick in theoretische Fragen — wie sie mit den verschiedenen Maßen der Gefäße, den Grundrissen und Schnitten anstehen. Bei der 1977/78 vom Bonner Landesamt für Volkskunde und dem Freilichtmuseum Sobernheim durchgeführten Befragung ehemaliger und noch im Beruf arbeitender Küfer, meistens als Weinküfer, wurden mehrmals die Lehrbücher von Barfuß, Schmidt und Kindler — manchmal schon in reliquienhafter Verehrung — als Erinnerung an das Handwerk vorgezeigt, das man entweder selber noch ausgeübt hatte oder das Vater oder Großvater erlernt hatte. Dies beweist nicht nur die weite Verbreitung der Schriften, sondern es läßt sich daraus auch schließen, daß die handwerklichen und technischen Kenntnisse in den untersuchten Landschaften Rhein, Mosel und Nahe auf einem gleich hohen Niveau liegen und auch früher schon lagen. In der Tat ließen sich bei der anschließenden persönlichen Befragung der Gewährsleute kaum regionale Unterschiede in den Bereichen des Arbeitsablaufes und Arbeitsgerätes feststellen.

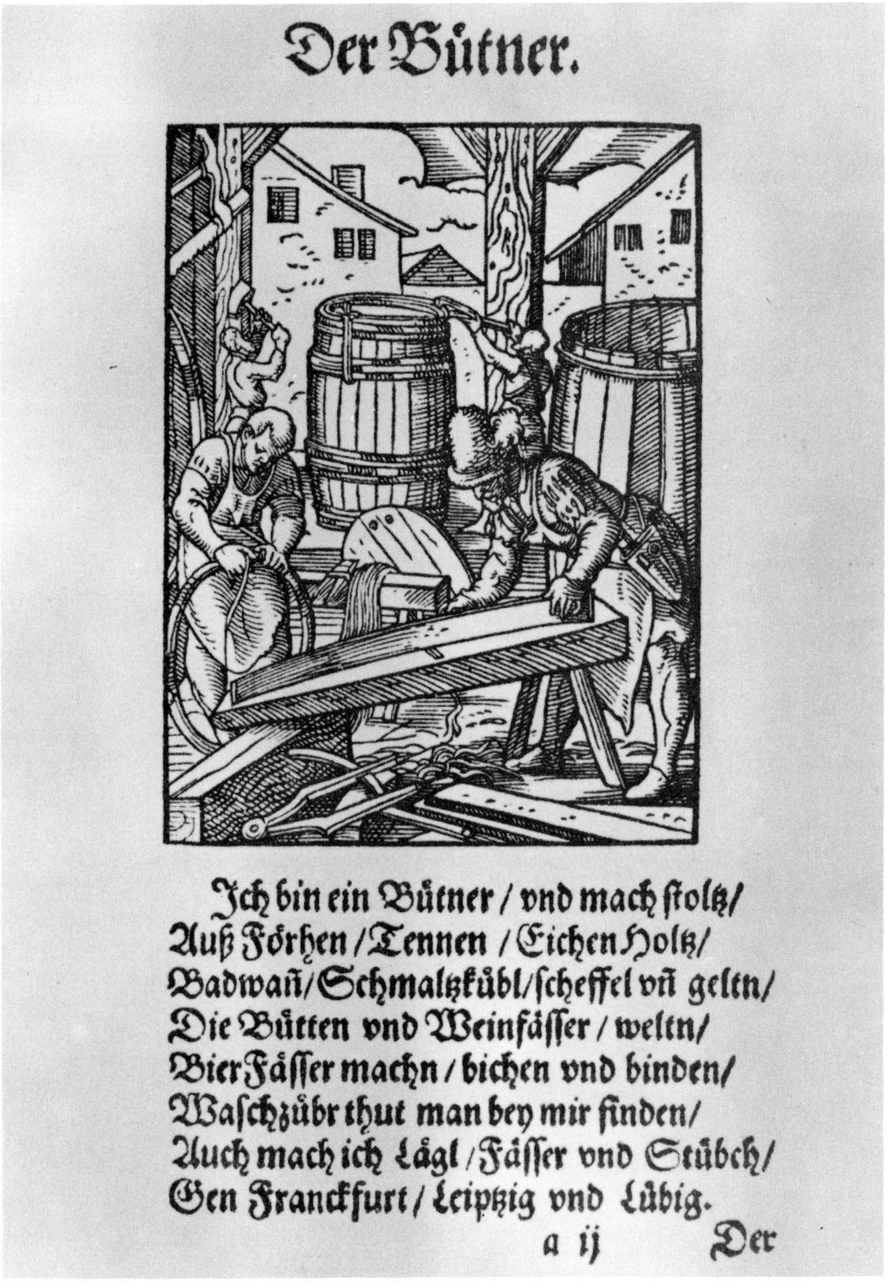

Der Bütner.

Ich bin ein Bütner / vnd mach stoltz/
Auß Förhen / Tennen / Eichen Holtz/
Badwañ/Schmaltzkübl/scheffel vñ geltn/
Die Bütten vnd Weinfässer / weltn/
Bier Fässer machn / bichen vnd binden/
Waschzübr thut man bey mir finden/
Auch mach ich Lägl / Fässer vnd Stübch/
Gen Franckfurt / Leiptzig vnd Lübig.

a ij Der

**Abb. 1: Der Büttner, nach Jost Amman(n), Ende des 16. Jh.**

Abb.2: Handwerkszeichen eines Küfers an einem Türsturz (1790) in Callbach, Kreis Kreuznach (Hauptstr. Nr. 15)

## Kleinstädtische und ländliche Küferzünfte

Ausgehend von verschiedenen Zunftordnungen und anderen Zunftakten der Städte Linz/Rhein, Trarbach, Kreuznach, Kirn und Wittlich sowie des stadtähnlichen Fleckens Enkirch[7] soll der Versuch unternommen werden, ein Bild der Küferzunft zu entwerfen, wie sie sich in rheinischen Kleinstädten und auf dem Lande darstellte. Die wirtschaftsgeschichtliche Literatur bevorzugt dagegen im allgemeinen das Zunftleben in den größeren Städten, in denen es in der Regel auch schon viel früher anzutreffen war. Dabei muß festgestellt werden, daß in der Praxis der untersuchten Zünfte viele Begriffe nicht so eindeutig verwendet wurden, wie die historische und volkskundliche Literatur vorgibt.

Die Ordnungen haben große Ähnlichkeit miteinander, gehen aber in einigen Bereichen eigene Wege. Am deutlichsten schreibt beispielsweise die Kreuznacher Ordnung Art und Arbeit des Meisterstücks vor, während andere Abfassungen lediglich erwähnen, daß ein Meisterstück angefertigt werden mußte.

Die Enkircher und die Kreuznacher Ordnung sollen hier ausführlich in ihrem Gesamtzusammenhang dargestellt werden; aus den anderen Ordnungen können nur die darüber hinausgehenden Bestimmungen erwähnt werden. So stehen bei der Kirner Küferzunft die Artikel im Vordergrund, die sich mit Bierbrauen und Branntweinbrennen befassen. Oder ein Prozeß zwischen Enkirch und Trarbach um das Branntweinbrennen gibt uns in der Kompromißformel des Urteils eine Vorstellung davon, wie im allgemeinen das Brennen gehandhabt wurde. — Bei dieser Art der Betrachtung ergibt sich meines Erachtens ein repräsentatives Bild der späten Zeit des Zunftlebens. Darüber hinaus soll die Bedeutung der Zünfte für das gesellschaftlich — soziale Leben — gesehen als Lebensgemeinschaft — deutlich gemacht werden.

Die Untersuchung entstand ausschließlich im Studium des Originalmaterials, das heißt schriftlicher Quellen, die sich zum Teil in Privatbesitz befinden und bisher noch nicht bearbeitet worden sind, besonders was Enkirch anbetrifft.

Abgesehen von den Ordnungen selbst sind auch die Beurkundungen interessant, die von den einzelnen Oberämtern vorgenommen wurden. Neben den eigentlichen, oft stereotypen Formeln der Beurkundung sind die dazugehörenden einleitenden Texte bedeutsam. Aus ihnen geht der Anlaß für die Ordnung hervor. So entstand die Ordnung von Linz aus einem Gegensatz zwischen Bürgerschaft und Zunft, weil sich die Bürger von den Zünften zu sehr gegängelt fühlten. In Kreuznach wurde 1707 eine neue Ordnung geschaffen, weil diejenige von 1509 veraltet war und den gewandelten Verhältnissen in der Handwerkerschaft angepaßt werden mußte. Im Falle der Ordnung der Küfer und Bierbrauer zu Kirn, Meddersheim und Kirschroth vom Jahre 1709 war es die Klage der Meister, sie müßten in andere Zünfte eintreten, die im Grunde ihrem Handwerke wenig nützlich seien. Obwohl entsprechende Zünfte der Küfer und Bierbrauer in der Nachbarschaft bestünden, gäbe es für ihren eigenen Bereich keine Zunft. Das war dann der Anlaß für die »hochfürstliche Salmische und hochrheingräflich-dhaunische gnädigste Herrschaft«, ihren Küfern und Bierbrauern eine eigene Zunft zu gewähren. Ähnlich war auch die Zunft für Wittlich (1708), die für Steinhauer, Maurer, Zimmerleute und Weißbender gemeinsam geschaffen wurde. Der Anlaß für die Küferordnung von Enkirch aus dem Jahre 1759, die bis auf Nebensächlichkeiten mit der Trarbacher Ordnung von 1647 identisch ist, war die Trennung von der Trarbacher Zunft, die auf einer Zunftversammlung v. 16. 3. 1758 vereinbart wurde.

Man kann aufgrund einzelner Bestimmungen der Kirner Ordnung davon ausgehen, daß beide Handwerke — Küferei und Brauerei — getrennt erlernt wurden und daß ein Meister in der Regel nur ein Handwerk beherrschte. Die Tatsache aber — wie im ersten Artikel erwähnt —, daß ein Meister nur einmal Zunftgeld bezahlen müsse, auch wenn er beide Handwerke erlernt haben sollte, zeigt, daß eine Doppelmeisterschaft vorkam. Auch aus der Enkircher Ordnung ist die Koppelung mit anderen Tätigkeiten ersichtlich. In diesem Fall war es das Branntweinbrennen.

Aus einem Verzeichnis der Küfermeister von Kreuznach aus dem Jahre 1791, geführt von 1717, gehen sogar Tätigkeiten hervor, die mit dem Küferhandwerk oder der Zunft manchmal nur mittelbar zusammenhängen. Es ist die Rede von einigen Meistern, die in herrschaftlichen Diensten stehen; oder es wird der Herbergsvater erwähnt, bei dem die wandernden Gesellen unterkamen (in Kreuznach seit 1788 bei einem Johann Friedr. Jacobi, ab 1795 bei Andreas Schmied). Nebenher bekleideten manche Küfer noch städtische Ämter, so das Amt des Immenfängers, des Zöllners am Binger Tor (zweimal), des Stadt-Deputierten, des Stadt-Capitains, des Stadt-Lieutnants oder des Stadt-Fähnrichs. Im gleichen Verzeichnis auch eine Liste von Zubrüdern, also der Zunft Assoziierten: ein Kupferschmied, drei Wirte und vierzehn Bierbrauer. Am Schluß der Aufstellung dann noch die Angabe des Meistergeldes, das sich bei näherem Zusehen höher stellt als in der Zunft festgesetzt, denn es führt auch die Nebenkosten auf:

Pro Nota
Eines Meisters Sohn oder der so eines Meisters Tochter heiratet hat an Meistergeld zu zahlen

| | Florin | Kreuz. |
|---|---|---|
| 1. für das Gebot | | 30 |
| 2. Meistergeld | 10 | |
| 3. für das Meisterstück | 5 | |
| 4. für die Fehler | 1 | 30 |
| 5. für 6 Viertel Wein à 12 kr die Maß | 4 | 48 |
| 6. Einschreibgebühr | | 30 |
| 7. dem Zunftherrn | | 30 |
| Summa | 22 | 48 |

Dagegen beläuft sich letztlich die Summe bei dem Fremden auf 50 fl. 18 kr. Das Aufgeding und Lossprechen kostet jeweils 4 fl. 45 kr.

In der Kirner Bestimmung findet sich im Vergleich zu den anderen Ordnungen ein gravierender Unterschied in der Lehrzeitdauer. Artikel 13 sieht ein Jahr für den Sohn eines Meisters vor, dagegen zwei bis drei Jahre für andere Lehrjungen, damit man gute Handwerksleute im Lande habe und der gute Ruf der hiesigen Handwerker erhalten bleibe. Die Abschirmung der Zunft nach außen ist fast perfekt.

## Die Küferzunft von Enkirch

Die Betrachtung dieser Zunft von 1759 steht insofern zu Recht am Anfang, als sie identisch mit der älteren Zunftordnung der Küfer im Oberamt Trarbach von 1647 ist, der ältesten hier behandelten Zunftordnung.

Im ländlichen Moselraum ist die Zeit nach dem Dreißigjährigen Kriege oft der Beginn eigentlicher Zünfte gewesen. Für Enkirch und seine Küferzunft ist 1756 mit großer Wahrscheinlichkeit als das Jahr der Gründung anzusehen, denn seitdem gibt es ein eigenes Siegel der Küferzunft. Die Zunftordnung stammt von 1759, dem Jahre, in dem diese Ordnung von der sponheimischen Herrschaft, vertreten durch das Oberamt Trarbach, am 13. Juli bestätigt wurde. Die Trennung von der alten Küferzunft des Oberamtes Trarbach, zu der bis zu dieser Zeit die Küfer von Enkirch gehörten, wurde in einer Zunftversammlung am 16. März 1758 in Trarbach beschlossen, was — wie ausdrücklich betont wird — in großer Harmonie geschehen ist. Die drei Daten bedeuten die tatsächliche und die behördliche Trennung. Offenbar war man nicht so genau mit der offiziellen Bestätigung. Übrigens haben nicht alle Handwerker diese Trennung von Trarbach durchgeführt. Die Häfner (Töpfer) beispielsweise blieben weiterhin in der Häfnerzunft in Trarbach. Bei der Übergabeverhandlung 1758 wurde durch Los entschieden, wer die Zunftlade bekam. Die Lade wurde Enkirch zugesprochen, wo sie heute noch in der Heimatstube mit 5 anderen Zunftladen (Bäcker/Schreiner/Schuhmacher/Zimmerer-Dachdecker und Maurer/Häfner steht.

Die Küferzunftlade ist besonders prächtig gearbeitet und trägt auf dem Deckel neben den Zunftsymbolen auch die Jahreszahl 1753 als Intarsienarbeit. Der Deckel ist mit einem Patentverschluß versehen, so daß man die Truhe nicht ohne weiteres öffnen kann. Maße: 62,5 x 47,5 x 55 cm.

Ferner ist erhalten der Becher mit der Jahreszahl 1667, der in der Form eines halben Fasses getrieben ist. Dreimal drei Reifen und fein angedeutete Dauben schaffen die Illusion eines Faßstücks. Der Becher ist versilbert. Ø 8,8 cm, Höhe 9,7 cm. Bei der Trennung der beiden Zünfte erhielt Enkirch diesen Becher, während ein Gegenstück in Trarbach blieb. Man kann beide Becher ineinanderschieben und erhält dann ein silbernes Fäßchen.

In der Zunftlade wurden neben dem Becher alle für die Zunft wichtigen Akten verwahrt, so die Zunftordnung, das Gerichtsbuch für die Zunftgerichtsbarkeit, Meister- und Gesellenbriefe sowie Protokollbücher der Sit-

**Abb.3: Die Lade der Küferzunft zu Enkirch (1753)**

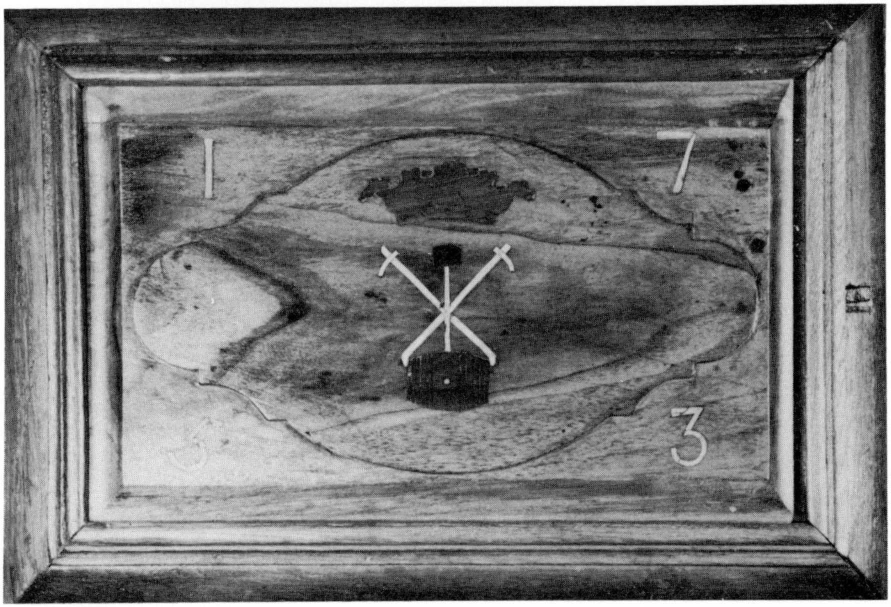


**Abb.4: Deckel der Zunftlade**

**Abb.5: Becher der Küferzunft zu Enkirch**

zungen. Unter anderem ist der Gerichtsakt Küferzunft gegen Oberamt Trarbach wegen des Rechtes auf Branntweinbrennen durch Mitglieder der Küferzunft erhalten geblieben. Von 1761 - 73 dauerte der Prozeß und brachte folgende Lösung:

Trarbach bestätigt das Recht der Küferzunft, Branntwein brennen zu dürfen, allerdings mit einigen Einschränkungen:

1. Jährlich ist die Menge des aus Hefe und Trester gewonnenen Branntweines anzugeben.
2. Von dem verkauften Branntwein ist die Steuer zu zahlen (accis).
3. Es sind bestimmte Gefäße zur Lagerung einzuhalten (Bürd, Ohm), keineswegs ist in kleineren Gefäßen zu lagern oder zu verkaufen, um der »fraudation« vorzubeugen.
4. Streng verboten ist ein Verkauf auf dem Lande; die Kunden müssen im Hause des Verkäufers bedient werden.
5. Eine besondere Gebühr ist fällig beim Obstbrennen.
6. Branntweinbrennen aus Frucht (Korn) ist jedermann bei Strafe von 100 Reichstalern verboten.

Aus den Protokollbüchern ersehen wir, daß die letzte Sitzung 1795 war und mit der Franzosenzeit das Zunftwesen zu Ende ging. Später gab es zwei »Neugründungen«, von 1852 bis zum 30. November 1861, und von 1925 bis 1927.

Im folgenden wird die Zunftordnung der Küferzunft von Enkirch, die mir im Original von 1759 vorliegt, vorgestellt. Sie umfaßt 17 Folioseiten in einer Handschrift des 18. Jahrhunderts. Wenn man vor dieser Zunftordnung schon einige Gemeindeordnungen (sog. Polizeiordnungen) gelesen hat, kann man sagen, daß sich der Aufbau und die einzelnen Gebiete nicht sehr unterscheiden. Es handelt sich um Daten, Kassenberichte, Verhalten, Bußen und Strafen, um Aufnahme und Ausschluß, so daß man auch an heutige Vereinsstatuten erinnert wird. Die Einleitung bestätigt das geziemende Ansuchen der Enkircher Küfermeister auf eine eigene Zunft »wegen vorgebrachter, ziemlich erheblicher Ursache und die Absonderung von derselben« (der Trarbacher Zunft). Grundlage dieser Ordnung ist der kaiserliche Erlaß aus dem Jahre 1731, die Mißbräuche unter den Handwerkern betreffend. Was im einzelnen zu den dort genannten Mißbräuchen gehört, geht aus verschiedenen Artikeln der Zunftordnung noch gesondert hervor (cf. Art. 8).

## Aufnahme in die Zunft

Voraussetzungen für die Aufnahme als Meister in die Enkircher Zunft sind vor allem das häusliche Niederlassen im Ort und die Leistung der Pflichten an die Obrigkeit (wie Eid, Zahlung der entsprechenden Gebühren etc.).

Artikel 3 bringt Vorschriften für die Aufnahme. Meister kann nur werden, wer ehelicher Geburt ist, was ebenfalls von seiner Frau gefordert wird. Auch ein ehrbarer Lebenswandel wird vorausgesetzt, wobei man heute etwa an ein polizeiliches Führungszeugnis denken kann. Meister wird nur, wer sein Handwerk mindestens zwei Jahre bei einem ehrlichen Meister erlernt und mindestens zwei Jahre in der Fremde gewandert ist, dazu sein »Meisterstück der Gebühr nach angefertigt hat« (Art. 4).

Art. 5: »Wenn nun einer hinlänglich geschickt und mit der Probe des Meisterstücks genügsam bestanden ist, der soll, mit der ganzen Bruderschaft Wissen und Willen, auf sein gebührlich Ansuchen zünftig angenommen und ihm zu arbeiten erlaubt werden.«

Artikel 6 setzt die Aufnahmegebühr fest, die je nach Herkommen gestaffelt ist. Ein Fremder zahlt 25 Gulden, die zwischen Zunft und Landesherr geteilt werden. Einer aus dem Oberamt zahlt 22 Gulden, wenn er die Zunft nicht von seinen Eltern bekommen oder von seiner Frau erheiratet hat. Wer das Handwerk vom Vater geerbt hat, zahlt nur zwei Gulden. Ein Fremder, der die Tochter eines zünftigen Meisters oder eine Meisterwitwe heiratet, zahlt 12,5 Gulden.

Artikel 7 setzt fest, daß junge Meister, die von Trarbach nach Enkirch beziehungsweise umgekehrt wechseln, nicht höher eingestuft werden, sofern sie sich häuslich niederlassen und die entsprechenden Gebühren bezahlen.

Artikel 8 nimmt direkt Bezug auf den kaiserlichen Erlaß von 1731. Er verbietet, einen jungen Meister beim Anfertigen seines Meisterstücks dadurch mit Unkosten zu belasten, daß man ihn zu »Fressen und Saufen« (Einstand geben) für die Prüfer (Geschworenen) animiert. Wie sehr das wohl eingerissen war, mag die hohe Strafe von zehn Gulden zeigen!

Artikel 9: Der angenommene Meister hat schließlich mittels Handschlag den geschworenen Zunftmeistern Treue zu schwören auf alle Artikel dieser Ordnung — an Eides statt.

## Zunfttage

Artikel 10: Alle Jahre den nächsten Montag nach Martini (11. 11.) wird ein Zunfttag in Enkirch gehalten werden; »und dabei jeder Zunftgenoß erscheinen und 8 Albus Büchsengeld erlegen. Bei dieser Zunftversammlung sollen sofort diese Ordnung öffentlich abgelesen (werden)«. Alle zwei Jahre sollen zwei neue Geschworene gewählt werden, die über Einnahmen und Ausgaben Rechnung legen müssen. Dabei hat der Truchseß von Enkirch anwesend zu sein. Wer ohne Leibesnot (Krankheit), Herrengebot (Frondienst etwa) oder andere erhebliche Ursachen ausbleibt, ohne es den Geschworenen anzuzeigen, bezahlt vier Gulden Strafe, die er spätestens nach acht oder vierzehn Tagen bezahlen soll. Wer aber zwei Jahre lang nicht zu den Versammlungen kommt oder das Büchsengeld (Zunftgebühr) nicht bezahlt, wird aus der Zunft ausgeschlossen und muß sie, wenn er wieder eintreten will, neu erkaufen (siehe Art. 6). Strafe zahlt auch derjenige (einen halben Sester Wein), der nicht am Zunfttag pünktlich um 8 Uhr erscheint, da er unnötigen Zeitverlust verursacht.

Artikel 12 setzt für Übertretung von Geboten sechs Albus für die Einheimischen beziehungsweise zehn Albus für einen Fremden fest, allein für die Mühe, welche die Zunft mit ihm hat.

Artikel 13 regelt die »Gerichtskosten« und Bußen bei Streitigkeiten unter Zunftgenossen.

Immerhin läßt Artikel 14 zu, daß sich ein Meister beim Oberamt Trarbach gegen Beschlüsse der Zunft beschweren kann, allerdings nur in begründeten Fällen, sonst wird er auch vom Oberamt bestraft!

»Damit auch (Art. 15) Gottesfurcht und Ehrbarkeit, dahin vornehmlich alle gute Ordnungen zielen, gepflanzet und erbauet werde, sollen sowohl bei den Zusammenkünften als auch anderwärts die Zunftgenossen samt und sonders sich des Fluchens und Gotteslästerns, schänd- und unflätigen Redens wie des übermäßigen Fressens und Saufens, dadurch gute Sitten verderbet und der heilige Geist betrübet wird, bei Strafe eines Guldens, oder auch wohl nach des Verbrechens Beschaffenheit und anderen Umständen, bei einer schweren Strafe bis auf 4 Gulden, gänzlich enthalten«.

Artikel 16: »Welcher sich auf dem Zunfttag, alle zwei Jahr bei der Zunftgesellschaft, mit Worten oder Werken, an einem anderen Zunftgenossen des Handwerks wegen, sonderlich aber den Geschworenen, denen vor den anderen vielmehr Ehre gebühret ihrer Verrichtung halber — freventlich vergreifen würde, soll von der Zunft, so vielmals es geschieht, der Verwirklichung nach gestraft werden«. (In der Briedeler Polizeiordnung heißt es: Pro Streich, so viel Albus).

Artikel 17 verlangt einen halben Sester Wein als Strafe für denjenigen, der vor den Ältesten und Geschworenen, die das Vorrecht der Rede haben, spricht, bevor die Reihe an ihn gekommen ist. Auch wer sich auf einen anderen Platz setzt, bezahlt diese Strafe.

## Das Amt der Geschworenen

Artikel 18 läßt nicht zu, daß einer das gewählte Amt als Geschworener etwa ablehnt »und wer sich von denen neu erwählten darwieder sperren würde, der machet sich der Zunftgerechtigkeit, er hätte dann seiner Verweigerung erhebliche Ursache, verlustiget.«

Artikel 19 stellt die Aufgaben der Geschworenen noch einmal heraus. Sie haben alle ruchbaren Sachen, klein oder groß, zu melden, nach ihrer Kompetenz zu strafen, die Einnahmen zu verbuchen und die entsprechenden Bücher an einem bestimmten Tag dem Beamten des Oberamts zu übergeben, damit die Rentkammer denjenigen Teil der Strafgelder und Gebühren, wie auch das Einkaufsgeld nach Artikel 6, die an das Oberamt zu zahlen waren, errechnen und vereinnahmen konnte.

Geschworene, die sich verrechnen, die dem einen oder anderen durch die Finger sehen — und damit die Einnahmen der Rentkammer und des Fürsten schmälern — haben mit Strafe zu rechnen.

Artikel 20 ist nach heutigem Empfinden recht modern, denn er läßt Kindern von straffällig gewordenen Zunftgenossen das Recht, ohne Belastung in die Zunft gelangen zu können:
»Und so einer von dieser Bruderschaft ..., des Diebstahls oder andere dergleichen groben Laster, wodurch er unehrlich wäre, oder gar das Leben verwirkt hätte, ihm aber dasselbe aus Gnaden beschenkt, und in einer andere Strafe wäre gemildert worden, ... der ist zwar Rechtens der Zunft verlustigt worden, gleichwohl aber soll es dessen Kindern, falls sie sich ehrlich und wohl verhalten daran nicht hinderlich sein«.

## Lehrzeit

Artikel 21 bestimmt die Voraussetzungen, eine Lehre antreten zu können: eheliche Geburt, Kenntnisnahme des Lehrvertrages durch die Geschworenen. Erst danach wird der Lehrling für zwei Jahre in die Lehre genommen, bei Zahlung des im Oberamt Trarbach üblichen Lehrgeldes.

Artikel 22: »Soll derselbe beim Eintritt in die Lehre vier Gulden, welche ihm später, wenn derselbe im Oberamt Meister wird, an dem oben genannten Zunftgeld wiederum zustatten kommen wird, alsobald erlegen, oder seinen Meister dafür auf ein Vierteljahr gut sprechen lassen — eines Meisters Sohn aber ist dessen ganz befreiet, es sei denn, daß er das Handwerk bei einem anderen erlernet als auf welchen Fall er auf obige Konditionen zwei Gulden zu zahlen hat.«

»Danebst soll es (Artikel 23) keinem Meister erlaubt sein, zwei Lehrjungen auf einmal und zu gleicher Zeit zu halten, es wäre denn, daß der eine seine Lehrzeit bis auf ein Vierteljahr ausgestanden hat. Dann wird einem Meister gestattet, einen anderen Jungen, notwendiger Anlernung halber anzunehmen.«

So kann auch verfahren werden, wenn (Artikel 24) ein Lehrjunge, natürlich nur nach Rücksprache mit dem ersten Meister und den Zunftgeschworenen, die Lehrstelle wechseln will. Stimmen der erste Meister und die Geschworenen den Beschwerden des Lehrjungen nicht zu und nimmt der zweite Meister ihn trotzdem an, hat er zwei rheinische Goldgulden Strafe zu zahlen.

## Von den Gesellen

»Ein Handwerksgeselle, der künftig im Oberamt zu arbeiten gesinnt (ist), soll den Geschworenen zuerst an Eides statt gnädigster Hofherrschaft und der Grafschaft angeloben, treu und hold zu sein, auch der Zunft 6 Albus unverzüglich (zu) erlegen oder seinen Meister auf vierzehn Tage dafür gut sprechen (bürgen) zu lassen«.

Artikel 26: Gibt es Streit um einen Gesellen, soll kein anderer Geselle dessen Arbeit verrichten, bis die strittige Frage beigelegt und vor der Zunft verglichen worden ist. Und wenn es sich zuträgt, daß ein Geselle mit seinem Meister uneinig wird, dann darf dem Gesellen, ehe er sich mit dem Meister wiederum verträgt, von keinem Zunftgenossen, bei Strafe eines Guldens, Arbeit gegeben werden. Wenn der Meister »aus verbotenem Eifer und sträflichem Vorsatz« den Gesellen an seinem Weiterkommen hindert, soll die Zunft entscheiden, wen die Schuld trifft. Wenn er (der Geselle, bei Freispruch) es begehrt, wird man ihm wieder Arbeit geben. Auch wenn er vierzehn Tage mit Genehmigung außerhalb des Oberamtes Trarbach sich aufgehalten hat, müsse man ihn wiederum aufnehmen, wenn er es begehre.

## Soziale Fürsorge

Artikel 27 bringt einen Hinweis auf das soziale Verhalten innerhalb des Zunftwesens. »Wenn ein Gesell bei seinem Meister krank würde, soll dieser nach seinem besten Vermögen das beste bei ihm tun, auch wo es des Gesellen Armut und Notdürftigkeit erfordert, die Zunft demselben von dem ihrigen (Vermögen) nicht nur eine Beisteuer, welche er nach erlangter Gesundheit wieder abzuverdienen schuldig ist, verordnen, sondern auch denselben im Fall des Todes ihn ehrlich zur Erde bestatten lassen.«

Artikel 28: »Sonst mögen die Gesellen alle Vierteljahr drei Meisterknecht unter sich erwählen. Dabei aber ist ein für allemal das Fressen und Saufen nebst anderen mutwilligen Kosten bei Strafe eines Guldens ein für allemal untersagt.« (Auch die Gesellen bildeten seit dem 14. Jahrhundert zunftähnliche Bruderschaften, die ihre Interessen bei den Meistern vertraten. Die Meisterknechte sind die »Sprecher« der Gesellen. Deshalb werden sie auch bei den Steinmetzen z. B. »Parlierer« genannt.)

## Geschäftsgebaren

Von den Zunftgenossen soll (Art. 29) »keiner dem anderen bei Straf von 4 Gulden einen Gesellen oder Gesinde abspannen, abwendig machen noch viel weniger ihm (Art. 30) einige Kunden entziehen oder annehmen, noch ihm die Arbeit zu stehlen — es sei denn, der 1. Meister sei zuvor von demselben Kunden, allerdings bei Strafe von 3 Gulden, bezahlt worden«.

(Art. 31) »So soll auch den fremden, ins Oberamt kommenden Faßbendern, mit Ausnahme der in sponh. Ämtern Birkenfeld, Allenbach und Kastellaun wohnenden Küfern, nicht erlaubt sein, ein Faß zu machen, bei

Strafe von 4 Gulden. Es sei denn, daß die Zunftgenossen von Enkirch allein die Käufer nicht versorgen könnten, so daß an Fässern Mangel erscheine.«

»Oder es wollten sich die Zunftgenossen mit einer billigmäßigen Bezahlung, darauf der Truchseß von Enkirch und das Gericht Aufsicht zu tragen haben, nicht begnügen.«

Ausnahme bleibt ferner, wenn die Küfer nicht »wie in der Nachbarschaft den Faßbendern ihre Arbeit bezahlt wird, zufrieden seien«. Fremde müssen sich mit der Zunft vergleichen (in bar) und sich der Zunftordnung unterwerfen. Wenn solche Fälle auftreten (zuviel Arbeit, schlechte Ware, zu teure Ware), dann erst kann sich ein fremder Küfer mit der Zunft einigen und in Enkirch arbeiten.

»Befehlen demnach den eingesessnen Zunftgenossen samt und sonders hierdurch ernstlich, daß sie sich mit angemessener Belohnung begnügen lassen, gute dauerhafte Ware machen und nicht wie bisher vielfältig geklagt worden, die Untertanen mit übermäßigen Kosten und Lohn beschweren und übersetzen. Bei Vermeidung schwerer Straf und ernstlichen Eingreifens! Und falls: Art. 32 über kurz oder lang ein oder anderer Meister dieses Handwerks jemanden mit übel verfertigter Arbeit versehen oder sonst betrüglich umgehen würde, so soll die übervorteilte klagende Partei sich zum Zunftmeister begeben, die klagbare Arbeit vorzeigen oder andere Beschwerden vortragen.«

»Darüber alsdann das ganze Handwerk-(sstück) unparteiisch beurteilen, und (nach) solcher Erkenntnis durch den Meister, welcher unrecht erfunden worden, den Klägern allen zugefügten Schaden — bei willkürlicher Strafe — mit Vorbehalt herrschaftlichen Frevels weswegen auch diese Sache sogleich dem Truchseß angezeigt werden muß — wiederum zu erstatten schuldig sein.«

Artikel 33: »Die Faßhandlung betreffend, soll keiner der Oberamts-Untertanen und Einwohner, der nicht dieses Handwerks und der Zunft einverleibt ist, mit Fässern handeln oder mehr als er zu seiner Notdurft und Weinhandel bedarf, zum Verkauf kaufen, es sei denn, er hätte oder wollte sich dann deshalb mit der Zunft billigerweise vergleichen — bei Verlust derselben Fässer und vorbehaltenen Straf gestattet werden.

Den Fremden aber soll es unverwehrt sein, mit Fässern ins Oberamt zu handeln, jedoch dergestalt, daß diese Fässer zuvor durch die Geschworenen des Gerichts und dieser Zunft, oder andere hierzu verordneten Zunftgenossen besichtiget und für lieferbare Ware erkannt worden (ist).«

Artikel 34: Wenn ein Küfer einem Untertanen oder Einwohner, wie zu geschehen pflegt, die Bezahlung gelieferter Fässer bis zum Herbst stundet, dieser aber den Termin nicht einhält, so »soll dem Verkäufer auf sein gebührendes Ansuchen vom Oberamt oder dem zeitlichen Truchsessen (Amtmann), vor anderen zu seiner Bezahlung von den aus dem Wein erlösten Geld unverzüglich verholfen werden.«

Artikel 35: »Endlich soll sich die Zunft in Verbal- und Realinjurien auch in anderen Fällen, welche das Handwerk nicht betreffen, wenn nämlich zwischen dem einen und anderen Meister Streit oder Uneinigkeit vorfallen möchte, aller Kenntnisnahme enthalten und die Sache jedesmal bei dem gemeinschaftlichen Truchsessen zu gebührender Entscheidung anzeigen.

Was sich aber sonst dieser Zunft halber weiteres als jetzt darinnen vermeldet worden zutragen würde, das soll der gnädigsten hohen Gemeindeherrschaft und uns Ihro nachgesetzten Regierung zur Erkenntnis und Entscheidung ausgestellt bleiben:

Wie wir dann höchstderoselben (d. Fürsten) und uns kraft dieses (Beschlusses) — ausdrücklich vorbehalten — gegenwärtige Zunftordnung zu ändern, zu mehren und zu mindern oder nach Wohlgefallen solche wiederum aufzuheben:

Zur Urkund des hier vorgedruckten hochfürstl. sponheim. gemeinschaftl. größeren Regierungsinsiegels und der gewöhnlichen Unterschrift. So geben Trarbach in consilio 13. Juli 1759 Hochfürstl. sponheim. zur gemeinschaftl. Regierung verordnete Präsident und Räte.«

**Abb.6: Siegel der Küferzunft zu Enkirch**

Man erkennt unschwer die Tendenz, die eigenen Zunftgenossen zu bevorzugen, fremde Lehrlinge, Gesellen und Meister fernzuhalten. Wenn man aus der Generaltabelle von Enkirch 1780 erfährt, daß am Ort 265 Hanwerker — bei ca. 500 Haushaltungen — arbeiten, kann man verstehen, daß die Obrigkeit mit aller Gewalt wenigstens den ansässigen Handwerkern Lohn und Brot sichern wollte.

Man erkennt ferner die »geziemende« Achtung vor Landesherr und Regierung, die fast zur Denunziation von Mitbürgern führt, weil auch der haftbar gemacht wird, der nicht Vergehen anderer anzeigt, eine Tendenz, die auch aus zeitgenössischen Polizeiordnungen hervorgeht.

Man erkennt aber auch die Funktion der Schutzgemeinschaft, gerade dann, wenn jemand nicht mehr arbeiten kann. Alles hat zwei Seiten: Auf der einen Seite Erstarrung in den Zünften, auf der anderen Seite auch ein gewisser Schutz in der Zunft.

## Lehrverträge

Artikel 21 der Enkircher Küferzunft bestimmt präzise den Lehrmodus. In sehr ähnlicher Weise wurden auch noch Anfang des 19. Jahrhunderts die Lehrverträge formuliert. Auffallend ist die stereotype Diktion, die immer wieder zu beobachten ist. Beispiel[8]:

Lehrvertrag zw. Georg Heinr. Imich und Meister Fr. Jacob Weich (1802)

Es tuet an heut unterm gesetzten Dato der achtbare Bürger Görg Heinrich Imich sein Sohn Philip Daniel Imich bei Frantz Jacob Weich dahier in die Lehr, um das Kiefferhandwerk erlernen — wie folgt:

Hat der Lehrjung 2 Jahr zu lernen oder zu stehen während seiner Lehrzeit, aber (auf) seine eigene Kosten zu essen.

Muß der Lehrjung dem Lehrmeister in allen billigen Stücken Treu und Gehorsam leisten wie es einem achtbaren Lehrling zukommt.

Hält sich der Vater vor im Notfall in der Feldarbeit fort zu helfen, aber von Jacobi bis Herbst ohne Ausbehalt.

Wenn der Lehrjunge dem Lehrmeister etwas außer dem Handwerk hilft arbeiten so muß der Lehrmeister ihm die Kost geben.

Hat der Lehrjung an Lehrgeld zu zahlen 8 Reichstaler und einen Kröver Taler Trinkgeld der Meisterin, das halbe Lehrgeld samt dem Trinkgeld (sofort), die andere Hälfte so die halbe Lehrzeit verflossen ist.

Enkirch, 21. Dez. 1802

Johann Peter Schütz als Zunftmeister
Philip Peter Wagner als Zunftmeister
Philip Jacob Weißgerber
Peter Schütz als Jungmeister
Franz Jacob Weich als Lehrmeister
Georg Heinrich Imich

## Wanderschaft der Gesellen

Die Artikel 25 und 26 beziehen sich auf das Verhältnis Meister und Geselle. Dabei wird allerdings die Wanderschaft, die ein Geselle bis zur Meisterprüfung abzuleisten hatte, nicht ausdrücklich erwähnt. Bekannt ist, daß die jungen Handwerker »auf der Walz« oft weite Strecken zurücklegten und in mehreren oder vielen Städten arbeiteten. Auskunft über diese Stationen geben Zeugnisse oder Briefe, die am Ende einer solchen Arbeitszeit von den Geschworenen einer Zunft und deren Meistern ausgestellt wurden. Folgendes Beispiel zeigt ein derartiges Dokument, das 1806 in Hanau einem aus Enkirch stammenden Küfer übergeben wurde:

In ähnlicher Weise aufschlußreich — was die Wanderschaft betrifft — sind die im 19. Jahrhundert üblichen Reisepässe der deutschen Staaten, wie folgender, der 1847 einem Kreuznacher Küfer überreicht wurde:

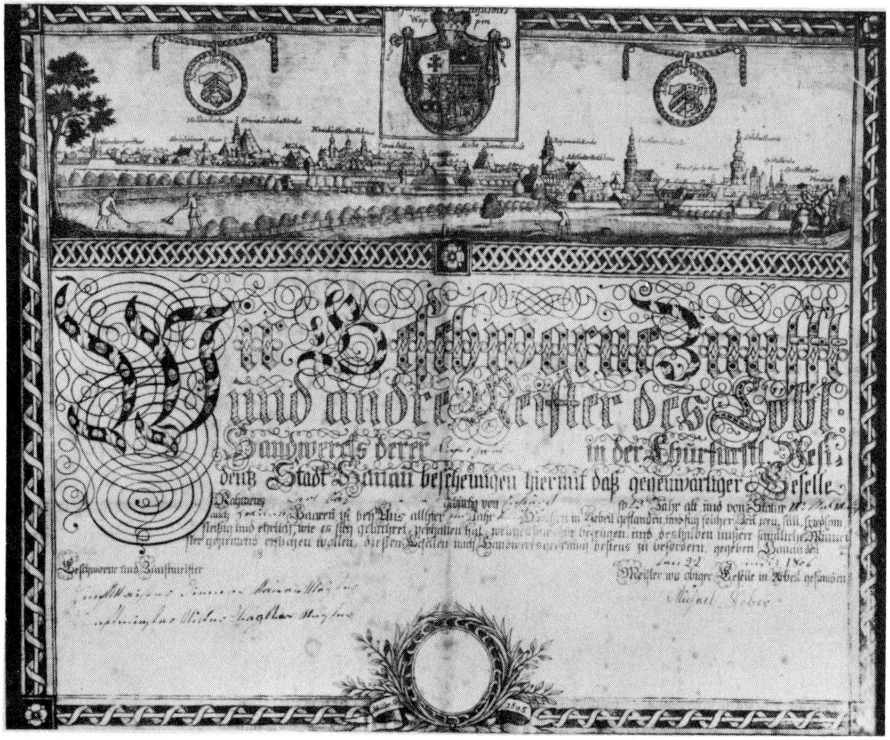
und andre Meister des Löbl.
in der Churfürstl. Hess.
Stadt Hanau bescheinigen hiermit daß gegenwärtiger Geselle

Abb.7: Arbeitszeugnis eines Küfers, ausgestellt 1806 in Hanau

Abb.8: Reise-Paß eines Küfers (1847)

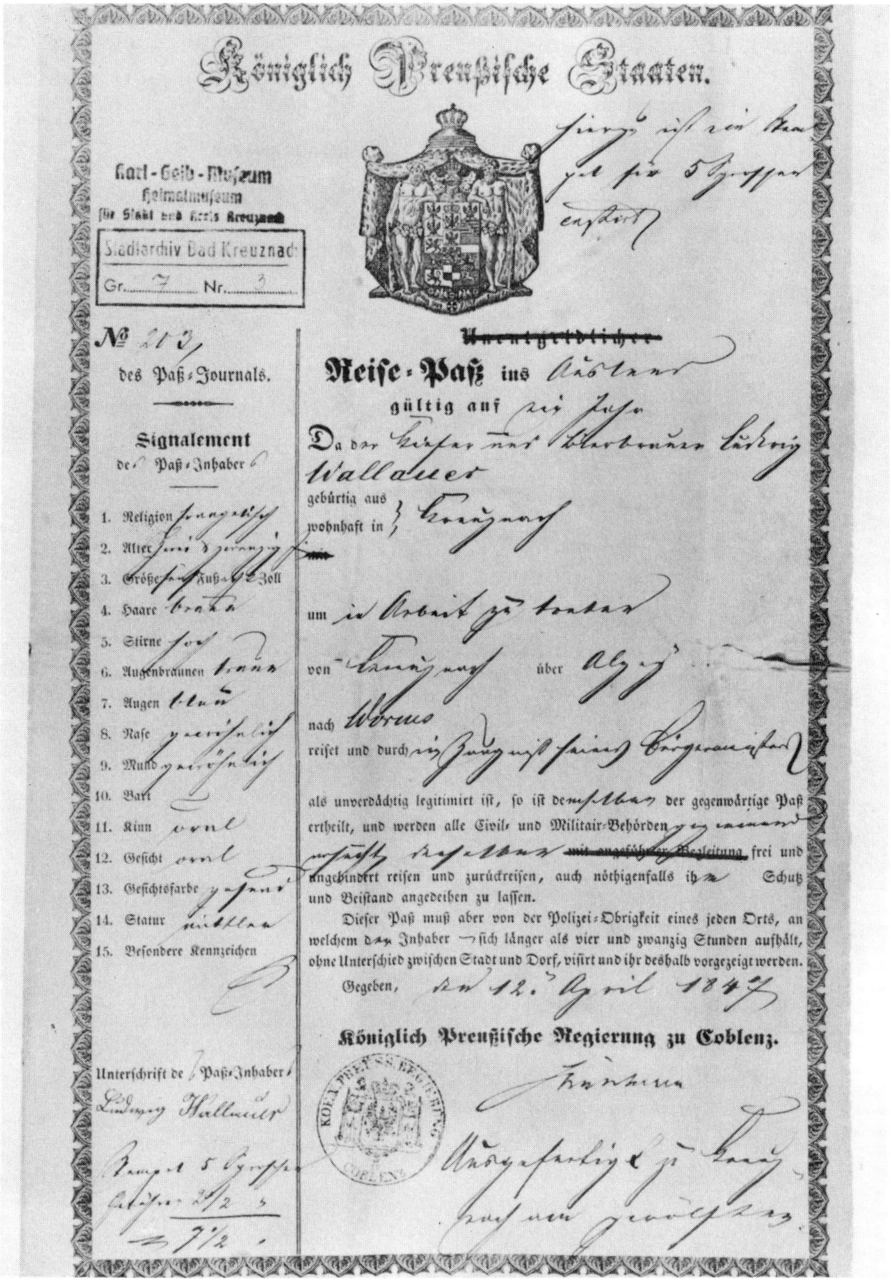
Königlich Preußische Staaten.

Karl-Geib-Museum
Heimatmuseum
für Stadt und Kreis Kreuznach

Stadtarchiv Bad Kreuznach
Gr. 7 Nr. 3

№ 213
des Paß-Journals.

Signalement
de Paß-Inhaber

1. Religion
2. Alter
3. Größe ... Fuß ... Zoll
4. Haare
5. Stirne
6. Augenbraunen
7. Augen
8. Nase
9. Mund
10. Bart
11. Kinn
12. Gesicht
13. Gesichtsfarbe
14. Statur
15. Besondere Kennzeichen

Unterschrift de Paß-Inhaber

Reise-Paß ins Ausland
gültig auf ein Jahr

Da der ... Wallauer
gebürtig aus
wohnhaft in Kreuznach

um ...

von ... über ...

nach Worms

reiset und durch ...

als unverdächtig legitimirt ist, so ist demselben der gegenwärtige Paß ertheilt, und werden alle Civil- und Militair-Behörden ... frei und ungehindert reisen und zurückreisen, auch nöthigenfalls ihm Schutz und Beistand angedeihen zu lassen.

Dieser Paß muß aber von der Polizei-Obrigkeit eines jeden Orts, an welchem der Inhaber sich länger als vier und zwanzig Stunden aufhält, ohne Unterschied zwischen Stadt und Dorf, visirt und ihr deshalb vorgezeigt werden.

Gegeben, den 12. April 1847

Königlich Preußische Regierung zu Coblenz.

## Die Rechnungsbücher von Enkirch

Zunftordnungen selbst sind die geschriebenen Gesetze einer Zunft. Wie diese Gesetze angewendet wurden, zeigt sich erst aus anderen Unterlagen. Unter anderem konnte ich ein Rechnungsbuch der Trarbacher-Enkircher Zunft bearbeiten, das von 1669 bis 1753 für die Zunft des Oberamtes Trarbach geführt wurde, dann nach sechsjähriger Pause für die neue Küferzunft Enkirch bis 1767 weitergeführt wurde.

Das Rechnungsbuch hat halbes Folioformat, längsgeteilter Bogen. Es wurde ausweislich der ersten Eintragung vom 1. nach Peter und Paul anno 1669 geführt.

Bei den Einnahmen und Ausgaben finden sich Informationen, die Einblick in alltägliche Vorträge innerhalb der Zunft gewähren. So wird 1709/10 folgende Einnahme verbucht, die 13 1/2 Reichstaler brachte: »Von den Küfern aus dem Amt Kastellaun, so willens, eine Zunft aufzurichten, vor copiam unsere Zunft articulen — so ihnen mitgeteilt — empfangen 13 1/2 Rt.«

Neben dieser, auch für die Zunftgeschichte von Kastellaun wichtigen Mitteilung, erscheinen manche Eintragungen nebensächlich, wenngleich sie bezeichnend sind für die korrekte Führung der Zunftgeschäfte. »Papier und Dinte« für das Geschäftsjahr im Wert von 2 oder 4 Albus werden abgerechnet. 25 Reichstaler dienten für das »Gelag« bei einem

Wirt von Trarbach für alle Meister (1670/71). Gelegentlich wird auch Geld zurückerstattet, für ein nicht gehaltenes Gelag, so 1704.

Für jedes Jahr ist eine einleitende Floskel niedergeschrieben, in der je ein Meister der Abteilungen innerhalb der Zunft aufgeführt wird. So ein Meister zu Trarbach, zu Traben, zu Enkirch und ein Zugegebener (Meister) von Wolf. Aus einer Kostenaufstellung des Rechnungsjahres 1751 erfahren wir sogar, wieviele Meister jeder der genannten Orte stellte:

17 Trarbacher Meister
34 Trabener Meiser
54 Enkircher Meister
15 Wolfer Meister

insgesamt 120 Meister in einem Bereich von etwa 12 km!

In der Abstrafung und damit der Füllung der Kassen war man sehr erfinderisch und genau, wie aus dem Strafgeld für eine nicht angetretene Wanderschaft zu ersehen ist: 9 Rt, 25 Al für eine nicht im Oberamt ausgestandene Lehrzeit, 6 Albus für einen fremden Meister, der in Enkirch ein Faß verkauft hat». Willkürliche Strafe, von 1 Rt aufwärts, für mangelhaft gearbeitete Fässer, 12 Reichstaler Strafe für einen Meister, der gegen das herrschaftliche Gebot einen Branntweinkessel in seinem Haus gesetzt und darin Hefe und Trester gebrannt und diesen auch noch verkauft hatte.

Für 1761/62 vermeldet das Einnahmeregister 1 Rt. 12 Albus für einen Austritt, den einzigen, den ich registrieren konnte. Zu diesem Zeitpunkt zahlten 56 Meister das Büchsengeld (Zunftgebühr). 4 Reichstaler Strafe zahlten die 6 Meister, die das letzte Gebot (Zunftsitzung) nicht besucht hatten, unentschuldigt! So summierten sich Gebühren und Strafen bis über 100 Reichstaler pro Jahr, was schon eine beträchtliche Summe war.

## Die Küferzunft Kreuznach

Küferzunftordnung Kreuznach 1707[9]:
»Erstlich, Es soll sich ein jeder Mitmeister dieser löblichen Zunft, wie auch jeder Gesell und Lehrjung vor allen Dingen der Gottesfurcht und Ehrbarkeit befleißen, zu dem Ende Sonn- Und Feiertage die Kirchen und Gottesdienste fleißig besuchen, welcher das überführe, und muthwilligerweise dargegen thäte, der soll der Zunft in eine willkürliche Strafe nach Gestalt des oftmaligen Übertretens verfallen sein, und so er sich daran nicht kehret, sondern ein unchristliches und gottloses Leben führete, in der Zunft nicht geduldet werden.«

2. Ordnung und Teilnahme bei Begräbnissen
3. Ordnung des Handwerks
   Vor Aufnahme in die Zunft muß Aspirant Bürger werden, dann die Zunftartikel annehmen und ein Jahr lang Zunftknecht zu sein, bis ein neuer Meister einkommen sollte. Geschehe das nicht, müsse er solange das Zunftknechtamt verwalten, bis ein neuer Meister einkomme beziehungsweise er einen anderen stelle.
4. Aufnahmegeld: zehn Gulden, sechs Viertel Wein. Bei Aufnahme sechs Gulden, dann Raten zu einem Gulden 10 Albus und je zwei Viertel Wein.
5. Zeugnis erforderlich über ordnungsgemäße Lehr- und Wanderzeit. Diese Zeugnisse werden in der Lade aufbewahrt.
6. »Soll derjenige, so allhier in der Stadt oder ganzen Oberamt Meister werden will, zum Meisterstück machen ein Stück Faß, so weniger nicht halten soll als Acht-halb Ohm, auf seinen Kosten in einer Werkstatt allhier zu Kreuznach, wo es ihme die Zunft anweisen wird. Das Faß soll sein mit einem Thürgen am Boden, und voll mit Weiden Reifen, würfelicht, oder mit acht gleichen Banden abgebunden, und ganz sauber auch ohne Tadel, und kein Boden größer oder geringer als der andere, desgleichen die Dauben vorn und hinten in einer Breite, und ist ihme erlaubt einen Jungen aus der Werkstatt, wo es ihm gefällig zu seiner Handreichung zu nehmen und zu gebrauchen. Es sollen ihme auch, solange er an diesem Meisterstück arbeitet, täglich zwei Meister zur Aufsicht gegeben werden, wel-

chen er essen und trinken zu reichen schuldig sein soll. Wann dann das Meisterstück bei der Besichtigung vor gut erkennet worden, und der Meister seine dem Handwerk gebührende Mahlzeit entrichtet, so soll er in das Meisterbuch als ein Mitmeister eingeschrieben werden.«

7. »Wollte aber einer das Meisterstück nicht machen, sondern dasselbe mit Geld abkaufen, so soll er dasselbe mit 20 Gulden, halb gnädigster Herrschaft und halb der Zunft abzukauffen macht haben, dergestalt, daß wann er diese 20 Gulden zusambt seinem Zunftgeld erlegt, und die dem Handwerk gebührende abgestattet, er vor einem Mitmeister ebenermaßen aufgenommen werden solle, als ob er das Meisterstück selbsten in natura verfertiget, welches alles sich aber nur von einem Fremden, oder einem Einheimischen, so keines Meisters Sohn ist, versteht.«
8. Der Sohn eines Meisters oder der, der eine Tochter oder Witwe eines Meisters heiratet, braucht nur das Meisterstück zu machen und kein Geld zu zahlen.
9. Wenn ein solcher das Meisterstück nicht machen will, zahlt er lediglich zehn Gulden, verteilt wie oben.
10. Zugebrachte Kinder, deren Eltern nicht der Zunft angehören, werden wie Fremde behandelt.

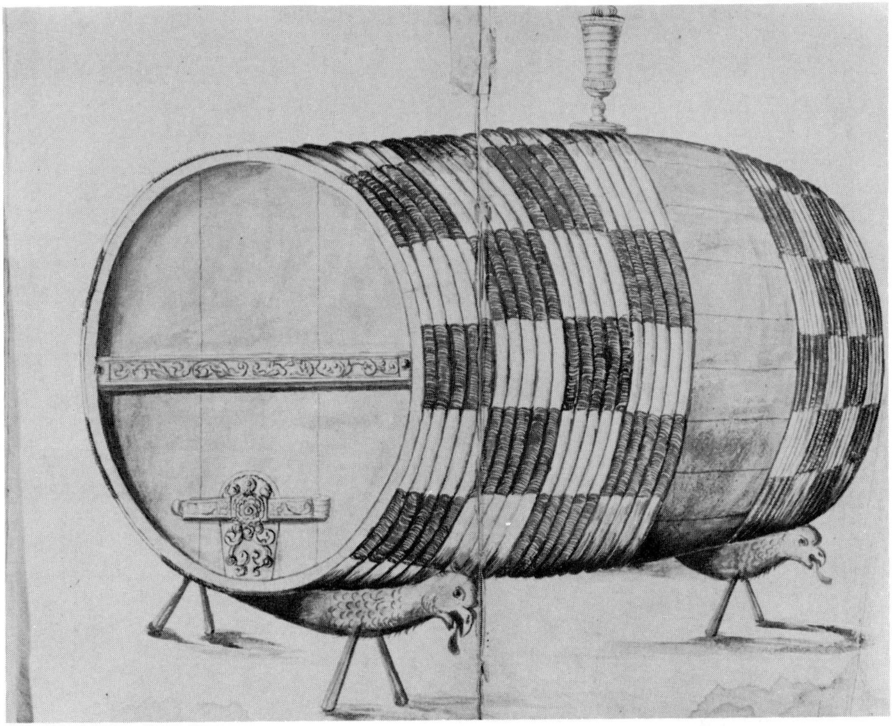

**Abb.9: Darstellung des von der Kreuznacher Küferzunft geforderten Meisterstückes (1707)**

11. Strafen für Nichterscheinen am Gebot (der Zunftsitzung), außer bei rechtmäßiger Ursache für das Fernbleiben.
12. Austreten aus der Zunft wird bestraft, wenn er nicht binnen acht Tagen wieder zu sich kommt (resipisciert). Strafe: ein Reichstaler.
    Bei Wiedereintritt wird er wie ein Fremder behandelt.
13. »Wann ein Meister einen Kauf täte, es seien Reiff, Weiden oder Dauben, und käme ein Mitmeister darzu, so lange das Gut auf dem Markt stehet, und begehret Theil daran zu haben, so soll er ihm Theil daran zu geben schuldig sein, und soll solche Theilung einem jeden geschehen, der ein Faßreif messen, binden, und zuschlagen kann.«
14. Aufnahme eines Lehrlings:
    a. Vierzehn Tage zur Probe.
    b. Bei Gefallen erfolgt das Aufdingen bei der Zunft.
    c. Zahlung des Einschreibgeldes von zwei Gulden.

d. Lehrzeit: zwei Jahre.

e. Zahlung des Lehrgeldes durch den Lehrling zur Hälfte sofort, zur Hälfte nach einem Jahr.

f. Stellung eines Bürgen von beiden Seiten zur Garantie für das zu zahlende Lehrgeld wie andererseits für rechte Ausbildung.

g. Nach redlicher Lehrzeit stellt der Lehrherr auf Kosten des Lehrjungen den Lehrbrief aus.

15. Einstellung eines neuen Lehrlings nach dem Lossprechen des alten Lehrlings.
Der Meister hat zwei Jahre »stillzustehen« und keinen neuen Lehrling anzunehmen. Nimmt er dennoch einen, zahlt er im Vierteljahr der Zunft einen Gulden, maximal also acht Gulden.

16. Einen Gesellen oder Lohnknecht darf man nicht länger als vierzehn Tage ungedingt halten. Nach dem Aufgeding soll die Anstellung nicht kürzer als ein halbes Jahr sein. Strafe bei Übertretung.

17. Wer einen Knecht annimmt, soll zur Hilfe für arme Küferknechte sechs Kreutzer Büchsengeld zahlen. Den Knechten wird alle Quartal ein Gebot (Sitzung) gehalten — im Beisein der beiden Zunftmeister.

18. »Es soll auch keinem, der nicht Küfermeister ist, gestattet werden, einigen Kauf oder Verkauf mit neuen Fässern, Eimern oder Zubern zu gebrauchen, bei Verlierung selbigen Geschirrs, es seie denn, daß er selbiges für sich selbst gebrauchen wollte. Auch soll noch vielweniger einem, der das Küferhandwerk machen zu lassen, wann er es auch schon nur in seiner Haushaltung brauchte, sondern was dem Küferhandwerk zugehört, soll er durch die Küfermeister machen zu lassen verbunden sein bei Straf 10 Gulden halb gn. Herrsch. und halb der Zunft.«

19. »Welcher Meister über den andern ein Gebot halten lassen will, uff einem Sonntag- oder Feiertag, der soll voraus erlegen 15 Albus: Will er aber das Gebot auf einem Werktag halten lassen, so soll er doppelt soviel, nämlich einen Gulden erlegen.«

20. Sitzordnung bei den Geboten: nach Eintritt in die Zunft. Reden erst, wenn gefragt. Strafe bei Verstoß: ein halb Viertel Wein.

21. Unziemliches Reden oder Unterbrechung »bei offener Lade« sowie Lügen strafen bringt Strafe von einem halb Viertel Wein.

22. Zwei Gulden Strafe erwartet den, der den anderen »schändet« und ihn mit Schmähworten an der Ehre angreift.

23. Ein Viertel Wein Strafe, wer einen »Aufstand« verursacht und nicht bei dem Sitzen verbleiben will.

24. Fünf Gulden Strafe, wer einem anderen die Arbeit (Kundschaft) wegnimmt. Ausnahme: in Notfällen, wenn er dem Nachbarn beispringt.

25. Drei Gulden Strafe, wer einen Kunden unbedingt zu Kauf in seiner Werkstatt bringen will.

26. Ausschluß aus der Zunft, auch bei geringem Diebstahl.

27. Ein Reichstaler Strafe und zusätzlich herrschaftlicher Strafe, wer einen ungerechtfertigterweise eines Diebstahls anzeigen sollte.

28. Nur mit Erlaubnis der Zunft oder der Obrigkeit dürfen in Notfällen mehr als zwei Knechte (Gesellen) und ein Lehrjunge gehalten werden. Strafe: drei Gulden und Entlassung des überzähligen Gesindes.

29. Kein Meister darf weder in Kurzweil oder im Ernst die Arbeit eines anderen Meisters herabsetzen. Strafe: ein Viertel Wein — so oft es geschieht!

30. Drei Gulden Strafe, wer dem anderen Meister sein Gesinde verführe (abwerbe).

31. Damit das Gesinde von sich aus der Abwerbung nicht Vorschub leiste, darf keiner vor Ablauf des Gedings aus dem Dienst gehen ohne Erlaubnis der Zunft, die begründete Ursachen gelten läßt. Kein Meister darf einen solchen Gesellen annehmen. Strafe: ein Reichstaler.

32. Kein Verkauf von fremden Fässern oder »Kübelwerk« ohne Einigung mit der zuständigen Zunft.

33. »Schlüßlichen soll alle halbe Jahr ein Gebot ausgeschrieben und gehalten werden, an welchem alle Meister in dem ganzen Oberamt zusammenkommen, und in Beisein der von Herrschaft. Gn. Deputierten, alles, was ungebührliches passiert abhandeln, und die Strafen einziehen, auch sogleich was eingangen gnäd. Herrschaft zur Hälfte verrechnen sollen; und soll ein jeder Meister bei diesem Gebot ins Handwerk sechzehen Kreutzer zu Gebot Geld erlegen, welches Gebot Geld den sämtlichen Meistern auf der Herberg zu verzehren gegeben werden solle. Wann aber mehr als das Gebot Geld verzehrt werden, soll ein jeder das übrige aus seinen Mitteln helfen bezahlen, wollte aber einer der Mahlzeit oder dem Gebot Geld nicht beiwohnen, soll derselbe noch vierzehn Kreutzer denen übrigen Meistern hinterlegen, und zu verzehren geben schuldig sein.
Welcher Meister ohne erhebliche Ursach dem halben Jahres Gebot nicht beiwohnet, soll er jedemals zwei Gulden zur Strafe erlegen, halb gn. Herrsch. und halb der Zunft.«

Es folgt die Beurkundung durch die Beamten des Oberamtes am 29. Januar 1707, mit der Mahnung an alle, sich an diese Ordnung im ganzen Oberamt zu halten, zumal diese Ordnung die Stümperei abschaffen helfen solle.

## Meister-Protokollbuch Kreuznach (1707)

Die beiden ersten Seiten des Protokollbuches sind später beschrieben worden, denn es handelt sich um Vorgänge aus den Jahren 1741, 1733 und 1738. Bemerkenswert ist das kleine Protokoll einer Sitzung vom 23. Mai 1738, das auch den Töchtern eines Küfermeisters die gleichen Rechte einräumt wie den Söhnen. Seite drei bringt zunächst ein Verzeichnis der Küfermeister der Stadt Kreuznach von 1707, immerhin 52 Namen. Es folgen einige leere Seiten und anschließend die Eintragung von 1707. In der Sitzung der Zunft, dem Halbjahresgebot vom 20. Juni, wurde ohne Erfolg unter den »Waltmeistern« herumgefragt, ob irgendetwas anzuzeigen sei, was die Zunft abzustrafen habe. Auf den nächsten Seiten findet man die Protokolle der Wahlen für die Zunftmeister, die Zunftknechte, die Geschworenen. Gelegentlich müssen Nachwahlen stattfinden, weil der eine oder andere nicht erscheint. So im Jahre 1709.

Schon 1708 erscheinen etliche Wahlämter, so dasjenige des Wächters, des Feuerläufers und des Leichenträgers. Das Protokollbuch berichtet von der Aufnahme von Meistern der Zunft und der Zahlung der entsprechenden Gebühren.

Unter dem 20. Juni erscheint ein Vorgang, wie ihn die Zunftordnung von 1707 unter Artikel 7 vorsieht. Man kann nämlich anstatt der Anfertigung des Meisterstücks dieses kaufen. So handelt hier ein Meister Joh. Jorius. Er zahlt die geforderten 20 Reichstaler in vier Raten (1711 - 1714). Gemäß der Zunftordnung schwanken die zu zahlenden Beträge. Es kommt eben darauf an, unter welchen Bedingungen jemand Meister wird, ob er Einheimischer oder Fremder ist, ob er das Meisterstück anfertigt oder nicht. Aufgrund der zu zahlenden Beiträge aber kann man sagen, daß die meisten Zunftgenossen ihr Meisterstück selber gearbeitet haben. Zwanzig Gulden Ersatzgeld waren wohl eine zu große Summe.

Unter dem Datum vom 23. Nov. 1737 folgender Eintrag, der auf Art. 6 der Zunftordnung beruht: »Anno 1737: den 23. Novembris: Ist dem Johann Adam Weinkauff sein Meisterstück besehen worden, ist vor gut erkannt worden, und hat sein Zunftgeld mit 10 Gulden bezahlt.«

Vielleicht war es in den Jahren nach 1740 schon auffällig, wenn einer sein Meisterstück in natura anfertigte, denn in seinem Protokoll vom 9. Januar 1742 wird vermerkt, daß Christian Dentz sein Meistergeld bezahlt habe, und sobald er die Zeit finden könne, auch sein Meisterstück anfertigen werde. Er hat dann am 23. Juni 1742 sein Meisterstück besehen lassen. So auch der Akt zur Aufnahme von Johannes Berg vom gleichen

Tag. Sehr häufig findet sich in den Protokollen der Hinweis auf den Teil des Geldes, der der fürstlichen Herrschaft gehört und entsprechend abgeführt werden müsse.

Öfters finden sich Listen der Amtsträger innerhalb der Zunft. So 1750 zwei Zunftmeister (ein Altermeister, ein Jungermeister), zwei Geschworene, zwei Wächter, ein Zunftknecht, acht Feuerläufer und Leichenträger, davon zwei »zum Gewehr«. Nach einer Kurznotiz waren 5 Zunftbrüder noch ihre Feuer-Eimer schuldig. In diesem Zusammenhang ist ein kleines Inventarverzeichnis mit 8 Punkten niedergeschrieben:

1. 25 Feuereimer
2. zwei alte hölzerne Spritzen
3. zwei Viertel und zwei Halb Viertel Flaschen
4. 3 Maß Kannen
5. 7 Trauermäntel
6. 6 Trauerflor
7. Ein Leichentuch mit einem weißen Kreuz
8. Ein Schrank, wo obige Mäntel, Flor, Leichentuch und weißes Kreuz in Verwahr liegen.

Das Protokollbuch endet — chronologisch gesehen — mit dem Jahre 1761, einer Aufnahme in die Zunft. Damit ist das Buch selbst nicht beendet. Es beginnt wieder neu mit dem Jahre 1729.
Es folgen aus den verschiedenen Jahren die Listen der Zunftämterinhaber, wer an der Feuerspritze dient, wer das Gewehr trägt usw. Auch erscheinen immer wieder Inventarlisten, die länger werden, weil zugekauft wurde. Teller und Suppenschüsseln werden erwähnt, eine Feuerleiter und ein Haken, dazu eine alte und neue Lad. Da daneben eigens eine Kiste erwähnt wird, wird mit Lad wohl die Zunftlade gemeint sein. Ein letztes Inventarverzeichnis bei der Übergabe an den neuen Zunftmeister drückt ganz klar aus:

Januar 1748 »hab ich an die 2 Zunftmeister überliefert:

2 Viertel und zwei Halb Flaschen
3 mäßige Kannen
2 Dutzend Teller
1 Dutzend flache Schüsseln
3 kleine Suppenschüsseln
2 Salzkannen
3 Brandeisen
1 Leichtuch nebst einem weißen Kreuz
6 neue Trauerflor
1 Feuerleiter und Feuerhaken
1 kleine hölzerne Spritz
1 alte und 1 neue Zunftlade benebst einer Kiste
24 Feuereimer

Das Meisterprotokollbuch gibt einen recht lebhaften Eindruck von der Anwendung der Zunftordnung einerseits wie auch von dem Gemeinschaftsleben andererseits. Denn wozu sollten Kannen, Teller und Schüssseln anders dienen als zu gemeinsamen Festen und Essen? Daß die Zunft auch eine Rolle beim Brandschutz in der Stadt gespielt hat, zeigen die Gerätschaften zum Feuerlöschen. Die Zunft war nicht nur ein Interessenverein in eigener Sache, sondern ein in die Gemeinschaft der Bürger integrierter Bestandteil mit Bürgersinn und Bürgeraufgaben.

Im Stadtarchiv Bad Kreuznach ist auch das Protokollbuch erhalten, das Angelegenheiten der Lehrjungen und Gesellen behandelt. Es beginnt mit dem Jahre 1707 wie das Meisterprotokollbuch.
Hier wird vermerkt, welcher Meister einen Lehrjungen hat aufdingen lassen. Die Formel lautet:

__________, hat Meister ________
(Jahr) (Tag, Monat)

einen Lehrjungen aufdingen lassen,

namens ______________,
des ____________ ehelicher Sohn.

In anderen Verträgen ist noch die Zahlung des Einschreibgeldes angegeben. Auch hier wieder die Staffelung des Einschreibegeldes nach Stand innerhalb der Zunft. Bei Meistersöhnen drei Florin achtzehn Albus. Auch ist gelegentlich in einem Nachtrag fixiert, daß die Lehrzeit ehrlich ausgestanden wurde.

In den Verträgen ist festgehalten, woher der Lehrling kam. So erfahren wir etwas über die Orte der Zunftgemeinschaft: etwa Langenlonsheim, Waldlaubersheim, Weinsheim, Oranienhof. Besonders vermerkt wird, wenn jemand aus einem anderen Oberamt kommt, z. B. Starkenburg, Oberamt Trarbach.

Andere Urkunden innerhalb des Protokollbuches bestätigen die Lossprechung der Lehrjungen (zu Gesellen). Ab 1740 sind beide Urkunden — über das Aufdingen und Lossprechen — desselben Lehrlings auf einer Seite untergebracht.
Die Formel entspricht der des Aufdingens (s. o.). Auch hier kleine Abweichungen, etwa der Vermerk, daß ein Lehrbericht angefertigt wurde. Das letzte Aufdingen stammt aus dem Jahre 1802. Das Protokollbuch über Lehrjungen und Gesellen ist konsequent auf dieses Thema ausgerichtet und ist deshalb etwas weniger ergiebig als das Meisterprotokollbuch, das auch andere Aktivitäten meldet.

## Die Küferzunft Kirn

betreffend die besonderen Bestimmungen für das Bierbrauen

Zunächst besteht eine Trennung zwischen beiden Handwerken, auch wenn Sie der gleichen Zunft angehören, so Artikel 9.
Artikel 1 macht dabei die Ausnahme klar, daß solches nicht gilt für den Meister, der beide Handwerke zünftig gelernt hat.
Die Artikel 24 - 28 bringen unter anderem auch Bestimmungen über das Brennen von Branntwein, das nur in der Zunft geschehen darf. Gastwirte und Krämer dürfen nur dann fremden Branntwein kaufen, wenn kein ansässiger Küfer solchen brennen kann oder zu teuer im Vergleich mit der Nachbarschaft ist. Eigenes Brennen von Hefeschnaps ist nicht gestattet. Obstschnäpse dürfen nur gebrannt werden, wenn eine behördliche Genehmigung vorliegt. Wer die gnädigste Herrschaft beim Brennen um die Gebühren betrügen sollte, hat mit »willkürlicher« Strafe zu rechnen. Für schlecht gewordenes Bier muß Ersatz geleistet werden:

Art. 28: »Wenn auch ein Bierbrauer durch seine oder seiner Domestiken Nachlässigkeit einem Hausmann sein Bier verderben sollte, solle er schuldig sein, ihm alle Kosten und Schaden zu ersetzen.«

## Die Faßbenderzunft Linz/Rhein (1664)

Dieser Akt zeigt, daß die Bürgerschaft sich auch gegen den Zwang wehrte, den die Zünfte ausübten. Die Klage der Bürger richtet sich gegen die zünftigen Faßbender, Schuster und Schneider. Adressat ist der zuständige Mann, der Erzbischof von Köln. Gegenstand der Klage ist das Verhalten der zünftigen Meister, jede auswärtige Konkurrenz auszuschalten, wenn es um Fässer, Schuhe oder Kleider gehe. Die Bürgerschaft stellt fest, daß es früher keine Zünfte gegeben habe, »da doch weder sie selbsten, noch auch ihre Voreltern in solche Zünfte hatten eingewilliget noch sich dazu verbunden ...«. Man fordert, wie es in den Städten Andernach, Bonn und Ahrweiler gestattet sei, die Freiheit, auswärtige Meister zu beschäftigen. Vor allem kämen in guten Weinjahren die einheimischen Meister mit der Arbeit nicht nach — wie die Schuster und Schneider vor hohen Festtagen nicht ihre Arbeit schaffen könnten. Auch seien die einheimischen Handwerker teurer, weil sie wegen der Pflicht, Stadtwache zu halten, zu früh mit der Arbeit aufhören und morgens zu spät anfangen würden. Durchlaucht solle erklären, daß niemand gezwungen werden könne, nur die zünftigen Meister zu beschäftigen.

Die Zünfte ihrerseits erheben Gegenvorstellung. Sehr wohl hätten die Einwohner des Kirchspiels ihren Zunftgerechtigkeiten zugestimmt. Die Ordnungen seien aus »undenklichen Jahren«. Mißbräuche von einzelnen Meistern seien nicht repräsentativ für das ganze Zunftwesen!

Man einigt sich dann auf folgende Übereinkunft:

»Daß nämlich, so viel die Faßbender angelanget, dieselbe schuldig und gehalten sein sollen, zufolg ihres Ambachs Briefs einem jeden Eingesessenen des Kirchspiels bei Tag und Nacht zufallender Notdurft ihre Arbeit fleißig zu verrichten, und nicht aufzuhalten, bei dessen Unterlassung dem Bürger, wann solches dem Ambachsmeister angezeigt, und derselb keinen anderen Meister darstellen würde, alsdann sich eines auswendigen Meisters zu bedienen erlaubt sein solle.
Zum anderen sollen auch die Faßbender der Belohnung halber sich

inskünftig folgender Verordnung nach verhalten, und die Meister täglichs von Lichtmeß bis St. Remigitag morgens von 5 Uhr bis abends sieben Uhr in des Mannes Kost zu Lohn haben vierzehn Albus (2. Febr. bis 1. Okt.). Der Meisterknecht, so ausgelernet zwölf Albus, der Lehrjung acht Albus, und da jemands Gelegenheit nicht wäre auf seine Kost arbeiten zu lassen, der solle sich mit dem Meister des Lohnes halber, was entweder den Tag oder stückweis arbeiten zu lassen willens, vergleichen;
Es solle aber einem jeden Eingesessenen des Kirchspiels, welcher es selbst verrichten kann, erlaubt sein, für seine und seiner Lehnsleut Notdurft und Weingewächs alte Fässer einzukaufen und zu rüsten, auch ein Nachbar dem anderen in Ausrüstung und Verlassung eines Faß Weins die Hand zu bieten frei stehen, wozu dann nötige Reif und Weiden einkaufen mögen; und falls auch ein auswendiger Bürger die Weinzapfgerechtigkeit hätte, und durch das Jahr Weinzapfen, und also gegen den Herbst übrige Fässer haben würde, soll derselbe Macht haben durch seinen Meister selbige binden zu lassen, oder selbst wann ers kann, zu binden, und seinen Lehnsleuten oder sonst anderen zu verkaufen.«
Gegeben in der Residenzstadt Bonn am 14. Februar 1664.
Maximilian Heinrich (von Bayern, Erzbischof und Kurfürst von Köln, 1650 - 1688)

Vor allem aufgrund der geänderten wirtschaftlichen Verhältnisse, aber auch durch die allg. Gewerbefreiheit der Stein'schen Ära (1810 - 11) verschwanden die Zünfte immer mehr. 1869 war es endgültig mit den Zünften vorbei. Wenn sie noch weiterbestanden, waren es gesellige Vereinigungen (siehe Schröterzunft in Traben-Trarbach, die heute noch besteht).

# Die Innungen

An die Stelle der Zünfte traten im 19. Jahrhundert Innungen, teils auf freiwilliger Basis, teils als Zwangsinnungen; ihre Mitglieder waren selbständige Handwerker[10]. Solche Zusammenschlüsse gelten in Deutschland seit 1881 beziehungsweise 1897 als öffentlich-rechtliche Vereinigungen. Sie vertreten die Interessen des entsprechenden Handwerks. Neben Beratung und Schulung ist die Ausbildung der Lehrlinge und Gesellen auch eines ihrer Anliegen. Insofern knüpfen sie an die alten Zeiten an.

Für den Zeller Raum (Mosel) war die Entwicklung folgendermaßen: Die Mehrheit der Küfer, Drechsler und Stellmacher der Bürgermeistereien Zell-Stadt und Zell-Land sprach sich 1899 für die Einführung des Beitrittszwanges aus. Im Februar 1900 wurde die Zwangsinnung von der Bezirksregierung genehmigt. Die Innung zählte 96 Mitglieder, von denen 78 Küfer waren. Ein zweiter Schritt war eine Zwangsinnung für den Bereich der beiden Kreise Cochem und Zell. Die Küfer entschlossen sich in ihrer Mehrheit (27) für eine Zwangsinnung der beiden Kreise, die am 1. Oktober 1921 mit dem Sitz in Bullay eingerichtet wurde. Wegen des großen Bezirks und der geringen Teilnahme an den Sitzungen sah man sich aber schon 1925 gezwungen, die Innung aufzuteilen.

Im Jahre 1924 erwogen die Küfer des Kreises Cochem, eine eigene Innung ins Leben zu rufen. Von den 54 selbständigen Küfern (heute sind es noch zwei) nahmen 41 an der konstituierenden Sitzung teil. Bei der Abstimmung scheiterte die Innungsgründung an dem Stimmenverhältnis 20 : 21. Eine Innung wurde demnach nicht eingerichtet.

Gegenwärtig, im Jahre 1978, sind die Verhältnisse folgendermaßen: Der Kammerbezirk Koblenz umfaßt sechzehn Küfermeister. Die Küfer-Innung »Rhein-Mosel-Nahe« des Regierungsbezirks Koblenz bestand bis zum 31. Dezember 1977. Letzter Obermeister war der Böttcher- und Weinküfermeister Oswald Fuchs aus Valwig an der Mosel.

Die Satzung dieser Innung, eine Mustersatzung, die im wesentlichen für alle Innungen verwendet wurde, zeigt in manchen Bereichen, wie sehr die Bestimmungen der alten Zunftordnung noch weiterleben. Vor allem, wenn man bei den Aufgaben der Innung liest:

**Aufgaben**
§ 3

(1) Aufgabe der Innung ist, die gemeinsamen gewerblichen Interessen ihrer Mitglieder zu fördern. Inbesondere hat sie

1. den Gemeingeist und die Berufsehre zu pflegen,
2. ein gutes Verhältnis zwischen Meistern, Gesellen und Lehrlingen anzustreben.
3. entsprechend den Vorschriften der Handwerkskammer die Lehrlingsausbildung zu regeln und zu überwachen sowie für die berufliche Ausbildung der Lehrlinge zu sorgen und ihre charakterliche Entwicklung zu fördern,

wird man an Ordnungen aus alter Zeit erinnert.

Parallelen gibt es zwischen Zunftmeister und Obermeister, zwischen Zunftversammlung und Innungsversammlung. Die Ausschüsse der heutigen Innungen regeln wie früher Ausbildung und etwa Streitigkeiten (§§ 41-45 Ausschuß für Lehrlingsstreitigkeiten). Neben dem Gesellenprüfungsausschuß (§§ 46-50), der das »Freisprechen« besorgt, ist der Gesellenausschuß (§§ 54-68) gewissermaßen ein Selbstverwaltungsorgan innerhalb der Innung und mit den Gesellenzünften früherer Zeiten zu vergleichen.

### Gesellenausschuß

§ 54

(1) Im Interesse eines guten Verhältnisses zwischen den Innungsmitgliedern und den bei ihnen beschäftigten Gesellen wird bei der Innung ein Gesellenausschuß errichtet. Der Gesellenausschuß hat die Gesellenmitglieder der Ausschüsse zu wählen, bei denen die Mitwirkung der Gesellen durch Gesetz oder Satzung vorgesehen ist.

(2) Der Gesellenausschuß ist zu beteiligen

1. bei Erlaß von Vorschriften über die Regelung der Lehrlingsausbildung,
2. bei Maßnahmen zur Förderung und Überwachung der beruflichen Ausbildung und zur Förderung der charakterlichen Entwicklung der Lehrlinge,
3. bei der Errichtung der Gesellenprüfungsausschüsse,
4. bei Maßnahmen zur Förderung des handwerklichen Könnens der Gesellen, insbesondere bei der Errichtung oder Unterstützung der zu dieser Förderung bestimmten Fachschulen und Lehrgänge,
5. bei der Mitwirkung an der Verwaltung der Berufsschulen gemäß den Vorschriften der Unterrichtsverwaltung,
6. bei der Wahl oder Benennung der Vorsitzenden von Ausschüssen, bei denen die Mitwirkung der Gesellen durch Gesetz oder Satzung vorgesehen ist,
7. bei der Begründung und Verwaltung aller Einrichtungen, für welche die Gesellen Beiträge entrichten oder eine besondere Mühewaltung übernehmen, oder die zu ihrer Unterstützung bestimmt sind.

(3) Die Beteiligung des Gesellenausschusses hat mit der Maßgabe zu erfolgen, daß

1. bei der Beratung und Beschlußfassung des Vorstandes der Innung mindestens ein Mitglied des Gesellenausschusses mit vollem Stimmrecht teilnimmt,
2. bei der Beratung und Beschlußfassung der Innungsversammlung seine sämtlichen Mitglieder mit vollem Stimmrecht teilnehmen,
3. bei der Verwaltung von Einrichtungen, für welche die Gesellen Aufwendungen zu machen haben, vom Gesellenausschuß gewählte Gesellen in gleicher Zahl zu beteiligen sind wie die Innungsmitglieder.

(4) Zur Durchführung von Beschlüssen der Innungsversammlung in den in Absatz 2 bezeichneten Angelegenheiten bedarf es der Zustimmung des Gesellenausschusses. Wird die Zustimmung versagt oder nicht in angemessener Frist erteilt, so kann die Innung die Entscheidung der Handwerkskammer binnen eines Monats beantragen.

(5) Die Beteiligung des Gesellenausschusses entfällt in den Angelegenheiten, die Gegenstand eines von der Innung oder von dem Innungsverband abgeschlossenen oder abzuschließenden Tarifvertrages sind.

Wenn auch in der Sprache unserer Zeit, so zeigt sich im Vergleich von Zunftordnung und Satzung der gleiche Charakter solcher Zusammenschlüsse: Förderung des Handwerks und der Handwerker zum eigenen Nutzen und zum Nutzen des Verbrauchers, auch wenn diese Ziele in der Praxis manchmal schwer zu verbinden sind.

Veranlaßt durch die außerordentlich geringe Besetzung des Küfer- und Böttcherberufes, wurde im Jahre 1978 im Bundesministerium für Wirtschaft eine »Neuordnung der Berufsausbildung zum Böttcher« erarbeitet. Der Entwurf dieser Verordnung nennt die Prüfungsanforderungen in der Gesellenprüfung. Zum Nachweis seiner Fähigkeiten hat der Prüfling somit ein Prüfungsstück herzustellen, das sowohl nach der traditionellen Arbeitsweise — etwa ein bauchiges oder zylindrisches Holzfaß, ein Kastenbottich oder ein Ziergefäß — als auch nach der in der Küferei eingezogenen modernen Technologie — wie ein geschweißter Metall-Behälter oder ein »Vierecksbehälter aus einem thermoplastischen Kunststoff mit Trichterboden und Flanschanschluß« — geschaffen sein kann. Außerdem sind zwei Arbeitsproben zu fertigen, für die in erster Linie Kunststoffbehälter in Betracht kommen. Überdies werden in einem schriftlichen und mündlichen Teil der Prüfung Fragen und Aufgaben aus den Gebieten der Technologie, des berufsbezogenen Rechnens und Zeichnens und der Wirtschafts- und Sozialkunde gestellt.

Wie die neuen Anforderungen an das Handwerk beweisen, gehört die von alters her vertraute Arbeitsweise der Küfer und Böttcher mittlerweile der Vergangenheit an. Das Berufsbild hat sich völlig von einem einst ausschließlich dem Holz und der Handarbeit verpflichteten Handwerk zu einem Gewerbe gewandelt, dem der Umgang mit modernen Werkstoffen und den dazugehörigen Maschinen geläufig sein muß.

# Die Arbeit des Küfers

## Die Weinküferei

Das Küferhandwerk umfaßt die Herstellung von Gefäßen — dies ist das eigentliche Gebiet der Holzküferei — und die auf die Pflege des Weines bezogenen Kellerarbeiten — die Weinküferei. Sie versteht sich allerdings nicht nur auf die Weinveredelung, sondern auch auf kleine Verrichtungen aus dem Gebiet der Holzküferei. Konkret gesprochen gehören zu ihrem Aufgabenbereich einerseits Verrichtungen wie das Spülen und Abfüllen von Weinflaschen, der Faßweinbezug, das Abstechen, Schönen und Verbesssern der Weine und andererseits etwa Flickarbeiten sowie größere Reparaturen an Fässern und hin und wieder auch die Fertigung einer Bütte, eines Holzeimers oder gar eines Fasses.

Einen guten Einblick in die Vielfalt der Arbeiten eines Weinküfers bieten Rechnungsbücher oder Kostenrichtsätze, wie sie beispielsweise als »Arbeiter-Taxe der Fassbinder-Meister in Trier« aus dem Jahre 1821 erhalten sind[11]. Detaillierter als solche amtlich festgelegten Preistabellen sind private Rechnungsbücher, die in manchen Küferbetrieben bis in das frühe 19. Jahrhundert reichen. So stellte 1837 und 1841 der Küfer Ph. J. Obenauer aus Flörsheim/Rheinhessen dem Weingutbesitzer Friedrich Kleinhanss zwei Rechnungen über Arbeiten innerhalb der Zeitspanne vom 22. Oktober 1829 bis zum 25. April 1839 aus[12]. Die Liste besteht aus 74 Positionen, von denen sich 30 auf das Abstechen von Wein, Putzen und Füllen der Fässer (»15 Ohm 36ster abgelaßen, 5 Faß geputzt« = florin 1.30), 36 auf Flickarbeiten an Fässern und Bütten (»2 Bodenstücke und 2 Dauben in ein Kartoffelfaß geflickt, ferner ein Boden in ein 4 Ohm Faß geflickt« = florin 2.60; oder: »Ein Daub und 5 Reif an eine Wasserbütte gelegt« = florin 1.10; oder: »4 Reif an ein 4 Ohm Faß und 2 Reif an ein Mehlkuebel gelegt« = florin 1.26; oder: «Ferner 3 Reifen an ein Brandweinfaß gelegt« = florin 1.18) und nur acht auf die Anfertigung von Gefäßen — Stückfaß, Ladefaß, Tragebütte, Wärmebütte, Waschbütte, Bohnenständer und Eimer — beziehen.

## Die Holzküferei

### Vielfalt der Gefäße

Landschaftliche und wirtschaftliche Gegebenheiten — Holzreichtum, Absatzmöglichkeiten für Gefäße — führten dazu, daß sich im Küferhandwerk verschiedene Sparten herausbildeten. Die Küfer oder Böttcher arbeiteten einerseits für die Abnehmer der nahen Umgebung und boten ein breites Sortiment an Gebinden an oder hatten sich mehr oder weniger auf bestimmte Branchen spezialisiert. In diesem Zusammenhang ist nicht nur an das Braugewerbe, den Weinbau, die Brennereien zu denken, sondern auch an sonstige Zweige der Landwirtschaft mit ihrer — wenigstens früher — hohen Nachfrage nach Buttertonnen, Sauerkraut- oder Rübenkrautfässern, Jauchefässern und Silos für Gärfutter, an die Fischindustrie, die ohne Heringsfässer nicht vorstellbar war, oder an andere Wirtschaftsbereiche mit ihren Petroleum-, Pack-, Transport- und Lagerfässern oder an textile und chemische Fertigungen mit ihrem Bedarf an Bottichen oder an die Haushaltswarenindustrie mit den in großen Serien gearbeiteten Waschmaschinen.

Fässer und verwandte Verpackungsbehälter für Branchen, die hohe

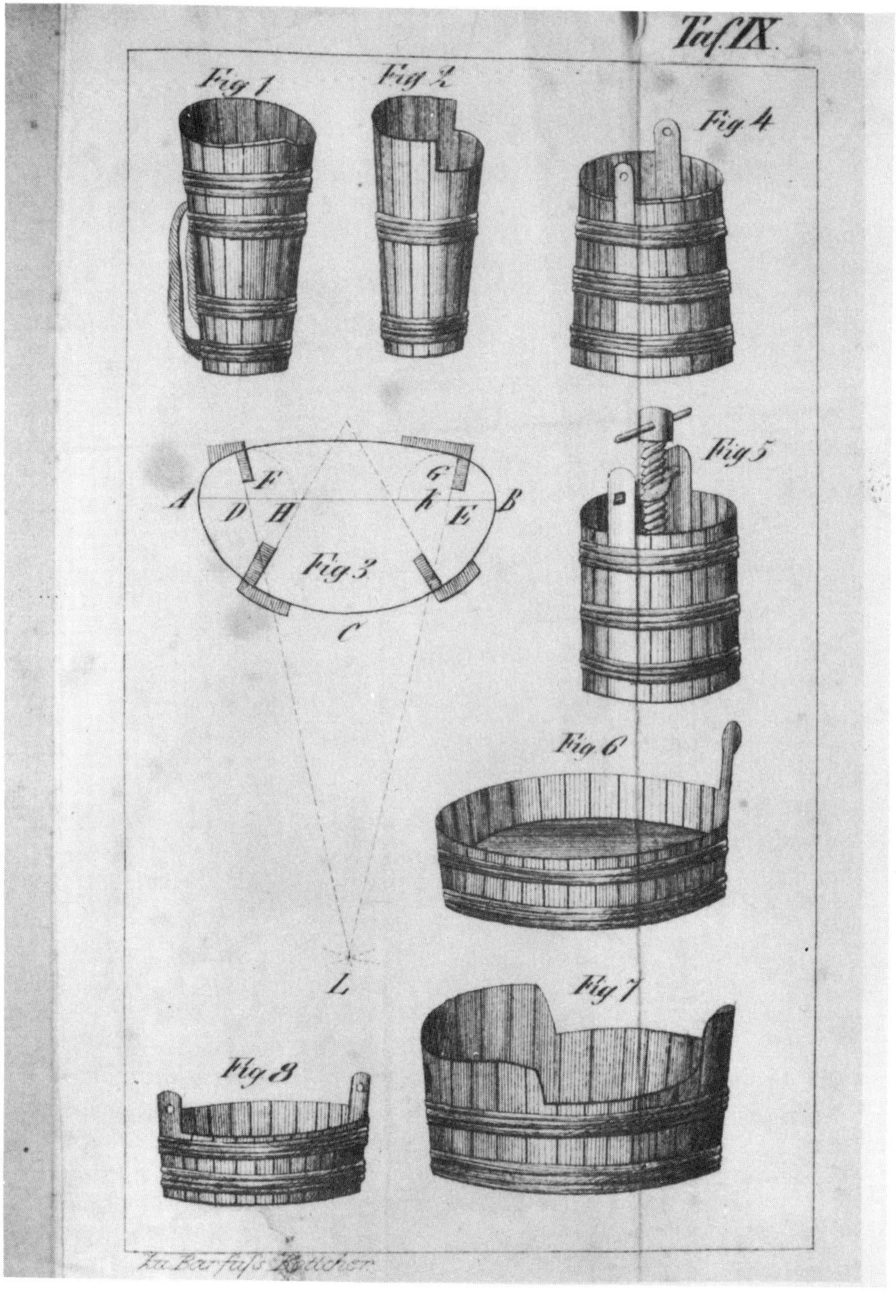


**Abb.10: Tafel IX aus F.W. Barfuß: »Der Böttcher« (1847). Fig. 1/2: Legel zum Transport von Wasser oder Weintrauben. Nr.3: Konstruktionszeichnung zu Nr.1. Nr.4: Oehrfaß zum Transport von Flüssigkeiten. Nr.5: Oehrfaß mit Deckel zum Einpökeln von Fleisch. Nr.6 und 8: Kleine Bütten oder Wannen für Haushalt und Keller. Nr.7: Kleiner Bottich für Wäsche.**

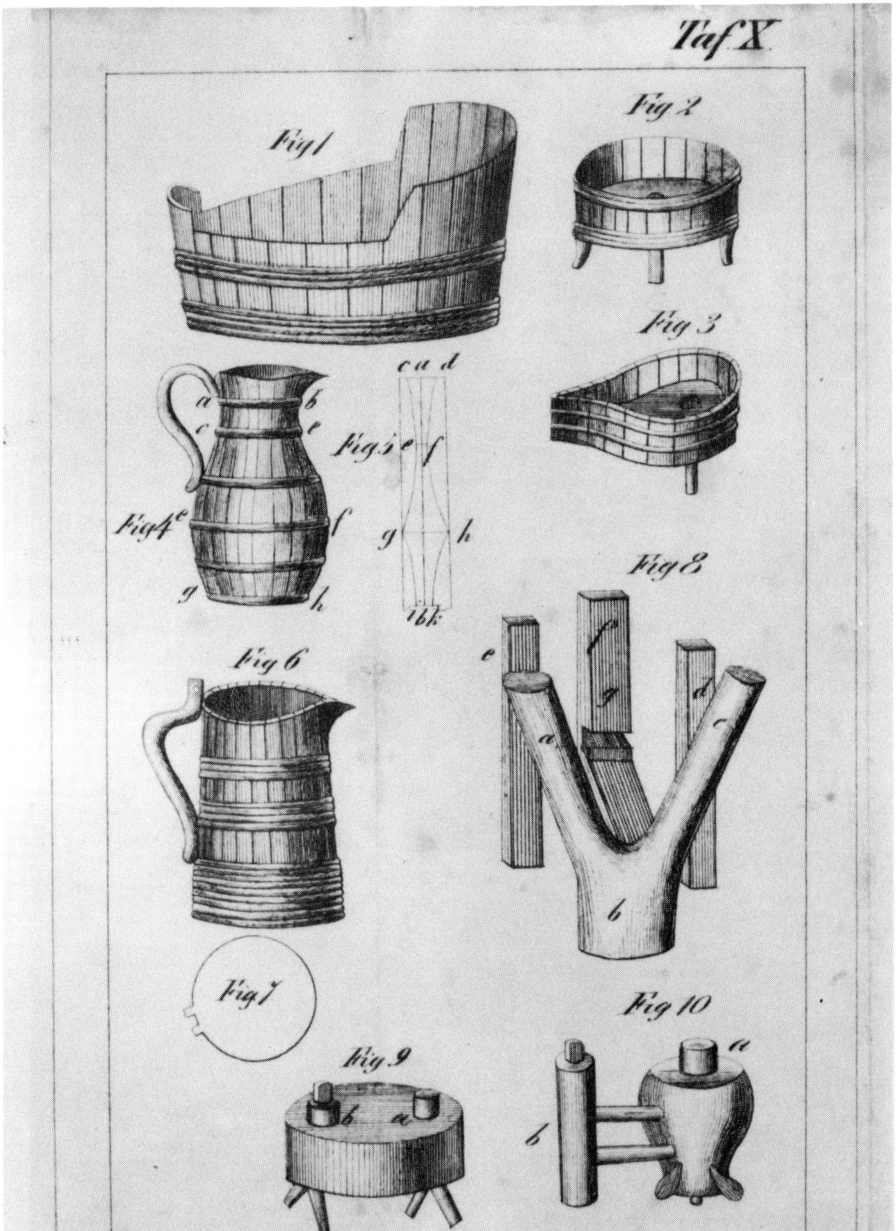


Stückzahlen orderten, wurden schon in der zweiten Hälfte des 19. Jahrhunderts industriell hergestellt. Ausgehend von nordamerikanischen Erfindungen setzten sich auch in Deutschland — nach der Wiener Weltausstellung von 1873 — Verfahren für die Fertigung von Faßfabrikationsmaschinen durch. Entwickelt wurden unter anderem Daubenhobelmaschinen, Aufsetzformen für Dauben, Anziehmaschinen für Arbeitsreifen, Spundlochbohrmaschinen, Faßboden-Schneidemaschinen, Faßdrehbänke oder Reifenauftreib- und Reifenanziehungsmaschinen. Daß sich bei dem Angebot dieser technischen Neuerungen, der damit verbundenen Arbeitserleichterung und dem im Vergleich zur handwerklichen Fertigung beträchtlich höheren Ausstoß an Fässern oder ähnlichen Verpackungsmaterialien mancher Küfermeister für den Erwerb solcher Maschinen entschloß und sich seine Werkstätte zu einer bedeutenden Faßfabrikation aufschwang, ist nicht verwunderlich. Auch erstaunt es nicht, daß aufgrund der aufblühenden Produktionsstätten

**Abb.11: Tafel X aus F.W. Barfuß: »Der Böttcher« (1847). Fig.1: Badewanne. Nr.2/3: Trichtergefäße für die Kellerarbeit. Nr.4/5: »Französischer Henkelkrug« mit Konstruktionszeichnung. Nr.6/7: Henkelkrug, Stütze für die Kellerarbeit. Vgl. zu Nr.8 (Endstuhl), Nr.9/10 (Haublöcke) die Abbildungen 17/18.**

ein weiteres Zulieferer- und Abnehmernetz entstand. Wichtig wurden zum Beispiel der Import an Faßholz, der Handel mit Dauben, der kalkulierte Bezug von Bandeisen für die Faßreifen und schließlich die Verwertung gebrauchter Fässer sowie der damit verbundene Großhandel.

Trotz dem hohen Grad der industriellen oder halbindustriellen Fertigung blieb das Küfergewerbe bis nach dem Zweiten Weltkrieg ein handwerklicher-mittelständischer, wenn nicht ein kleinbetrieblicher Berufszweig. Von den 1949 in Nordrhein-Westfalen gezählten 280 Betrieben mit 835 Beschäftigten und den in Rheinland-Pfalz gemeldeten 757 Betrieben mit 1531 Beschäftigten arbeiteten die meisten als Familienbetriebe mit einem oder zwei Gesellen[13]. Zum Produktionsprogramm dieser Werkstätten gehörten alle denkbaren Holzgefäße — in den Weinlandschaften: Fässer, Trauben- oder Herbstbütten, Inkbütten oder Brenken, Stützen, Hotten oder Legel und Trichter; in den Landschaften mit Brauereien: alle Größen an Bierfässern und spezielle Schankfässer mit Kühlung für den Thekenbetrieb von Gaststätten; für den alltäglichen Gebrauch: Zuber, Eimer, Wasch- und Fleischbütten, Krautständer, Butterfässer, Fässer für Apfelwein und Blumenkübel.

Den größten Anteil an der Produktion nahm — wenigstens im Rheinland und in der Pfalz — die Herstellung

**Abb.12: Gemälde, die Weinbergslage von Meddersheim/Kreis Kreuznach darstellend. Auf der Rückseite bezeichnet mit: »C. Horstmann's Weinberg bei Meddersheim a.d. Nahe, 1875, C. Misbach«. Das Bild wurde im Auftrag einer nach Nordamerika ausgewanderten Meddersheimerin, dort in den USA nach ihren Angaben, gemalt. Dargestellt sind die Weinlese, Fuhrzeuge mit Traubenbütten, im Vordergrund rechts ein Pferdegespann mit Bierfässern, das zum Felsenkeller fährt. (Eigentum der Familie Herbert Gottfried, Meddersheim.)**

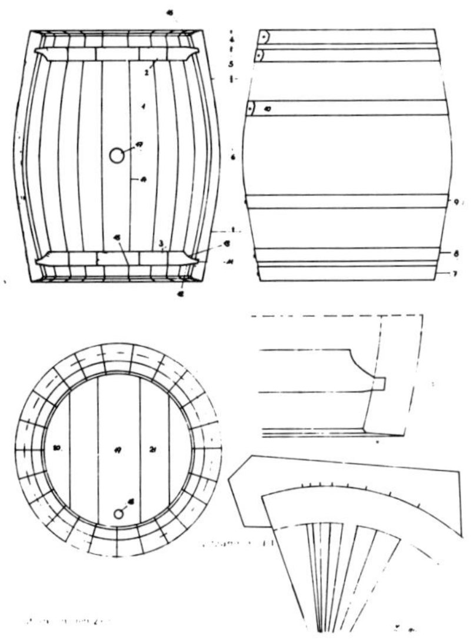

**Abb.13: Rundes Faß — Ansichten, Schnitt, Details des Bodens und eines Models. Gezeichnet von Küfermeister E. Wagner/Zeltingen 1956 auf der Meisterschule in Reutlingen. Bezeichnung der einzelnen Teile: 1) Daube oder Stab, 2) Boden (Vorderboden), 3) Boden (Hinterboden), 4) Kopf des Fasses, 5) Hals, 6) Bauch, 7) Kopfreifen, 8) Halsreifen, 9) Bauchreifen, 10) Reifenschloß, 11) Gargel, Kröse oder Kimme, 12) Brahmschnitt (kleiner Schnitt), 13) Hauschnitt (großer Schnitt), 14) Stabfuge, 15) Bodenfuge, 16) Schnitt oder Saum der abgefasten Köpfe, 17) Spundloch, 18) Zapfenloch, 19) Mittelstück des Bodens, 20) Gehren, 21) Anlegegehren oder die kürzeren Mittelstücke.**

von Weinfässern ein. Sie wurden hauptsächlich in den Monaten August — Oktober gefertigt — kurz vor und während der Traubenlese. In dieser kurzen Saison von einem Vierteljahr erwirtschaftete mancher Betrieb bis zu Zweidrittel oder Dreiviertel seines Jahresumsatzes, der sich unter anderem auf 70 - 100 Fuder- oder Stückfässer belaufen konnte. In den ruhigen Zeiten des Winters und Sommers wurden die Weißbinderarbeiten ausgeführt. Daneben widmeten sich die Küfer der Kellerarbeit, dem Verkauf des Weines — er wurde noch bis ins zwanzigste Jahrhundert im Faß verkauft, dies erklärt auch den hohen Bedarf an Fässern — und nicht zuletzt der als Nebenerwerb betriebenen eigenen Landwirtschaft und dem Weinbau.

## Werkzeug

In der Küferei werden vielfach Werkzeuge verwendet, wie sie auch in anderen holzverarbeitenden Berufen des Schreiners und Stellmachers üblich sind. Daneben finden sich aber auch einige spezielle Geräte die — so zeigen es die frühen Berufsdarstellungen des 15./16. Jahrhunderts, Hausmarken, Kupferstiche und Lithographien des 18./19. Jahrhunderts — ihre Gestalt im Laufe der Jahrhunderte kaum verändert haben. Dieses auf die Handarbeit abgestimmte Werkzeug wurde ab 1900, öfters sogar erst nach 1950 durch Maschinen komplettiert — wie Bandsägen, Abrichten, Fräsen oder Bohrmaschinen. Durch derartige Neuerwerbungen konnte die Arbeit erheblich erleichtert werden. So vermochte eine schon vor dem Zweiten Weltkrieg in Gleisweiler bei Landau/Pfalz modernisierte Werkstätte aufgrund der halbmaschinellen Fertigung zum Beispiel wöchentlich 30 Transportfässer von 30 - 100 l Inhalt herzustellen[14].

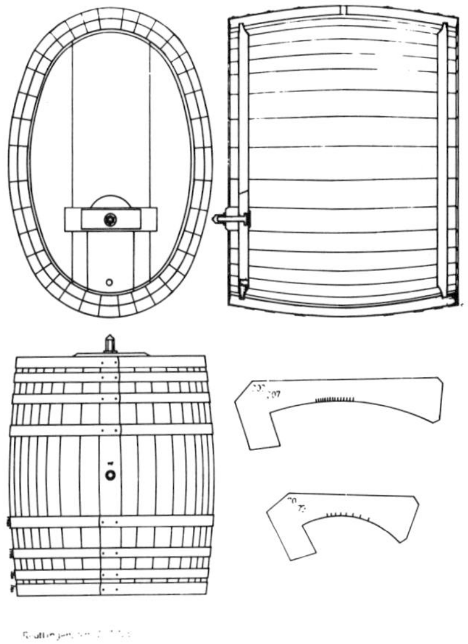

**Abb.14: Ovales Halbstück, gezeichnet von E. Wagner, 1956.**

Neben den modernen Arbeitsgeräten findet sich in den meisten Werkstätten ein beachtlicher Bestand an altem Werkzeug, das zum großen Teil noch verwendet oder — wenn abgenutzt und verwurmt — aus Pietätsgründen aufgehoben wird. Hobel und Fügebänke aus dem 18. Jahrhundert sind öfters anzutreffen. Diese Treue zu alten Einrichtungsgegenständen und zu dem beweglichen Inventar erklärt sich — wie die befragten Küfer gerne betonen — aus der Familientradition mit ihrer manchmal über Generationen zu verfolgenden Zugehörigkeit zum Handwerk.

**Abb.15: Endhobel aus St. Aldegund/Mosel.**

Die folgende Abbildung — eine anonyme Lithographie (Mitte oder zweite Hälfte des 19. Jahrhunderts) zeigt das wichtigste Handwerkzeug des Küfers.

Aufschlußreicher sind die eher ins einzelne gehenden Darstellungen aus Fougeroux von Bandaroys Schrift »Die Böttgerkunst« (1765), deren sechs Kupferstichtafeln im folgenden wiedergegeben sind:

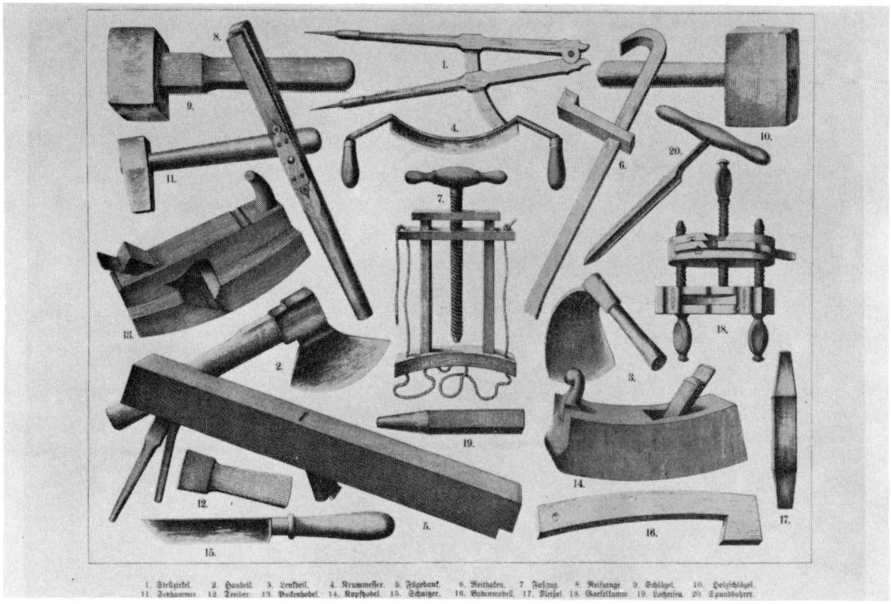


**Abb.16: Zusammenstellung von Küferwerkzeugen, Mitte des 19. Jahrhunderts**

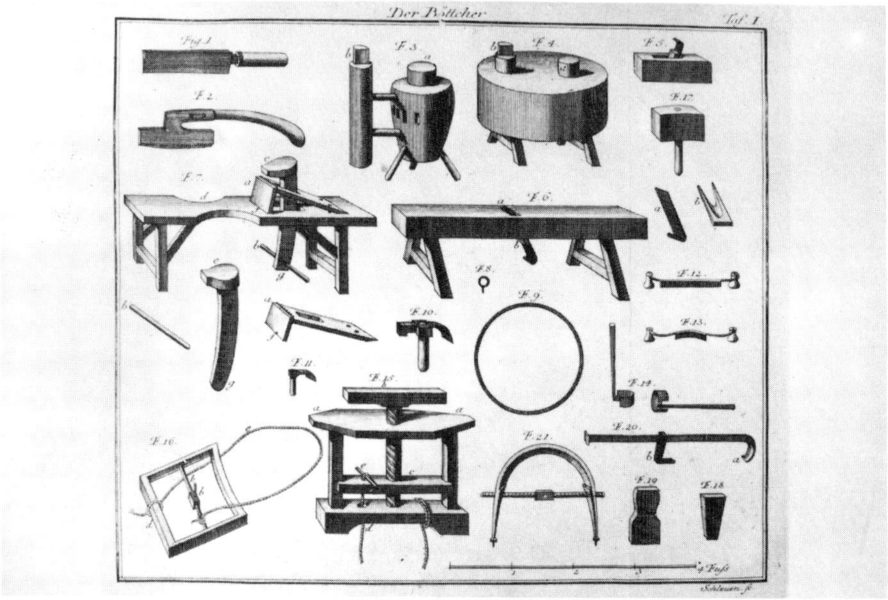


**Abb.17: Tafel I nach Fougeroux von Bandaroy: »Die Böttgerkunst« (1765)**

(Abb. 17) Figur 1 zeigt ein Bindmesser, das zum groben Bearbeiten der rohen Dauben dient. Nr. 2 bedeutet ein Lenkbeil; mit ihm wird das Daubenholz auf dem Haublock behauen, so daß die Form einer Gefäßdaube entsteht. Nr. 3 und 4 stellt den Haublock dar, gegen den die Dauben bei der Bearbeitung gestellt oder auf den sie gelegt werden; bei Nr. 3 ist der Haublock aus einer Radnabe gewonnen worden. Nr. 5: Üblicher Hobel, Nr. 6 erklärt sich als Fügebank, d. h. ein sehr großer, auf Füßen stehender Hobel bis zu vier Meter Länge; mit ihm werden die Fugenseiten der Dauben nach der Form des Models zugerichtet. Nr. 7 ist die Schneidebank, wie sie auch früher beim Schreiner üblich war. Nr. 8: Zugbohrer. Nr. 9: Arbeitsreifen; gibt die Weite eines Fasses an und wird beim Aufstellen der Dauben gebraucht. Nr. 10 und 11: Dexel; ein Beil, um ungleiche Stellen des Holzes abzuschlagen. Nr. 12 und 13: Sogenannte Gerade- und Krummesser, zum Bearbeiten der äußeren bauchigen und der inneren Seite der Faßdauben. Nr. 14: Schaber zum Glätten der noch unregelmäßigen Innenfläche der gebundenen Dauben. Nr. 15: Faßzug; eine Schraubenwinde zum Zusammenziehen oder Zusammendrücken der Dauben in die Form eines Fasses. Nr. 16: Faßzug ohne Rahmen. Nr. 17: Hölzerner Schlägel. Nr. 18 und 19: Treiber; Keile, die bei der Arbeit mit dem Schlägel gegen die Faßreifen gehalten werden, um die Dauben nicht zu beschädigen. Nr. 20: Eiserner Bandhaken oder Bandzange zum Einklemmen und Aufstellen von Brettern. Nr. 21: Zirkel, gearbeitet aus einem Stück Holz, beweglich durch eine Art Schraubstock.

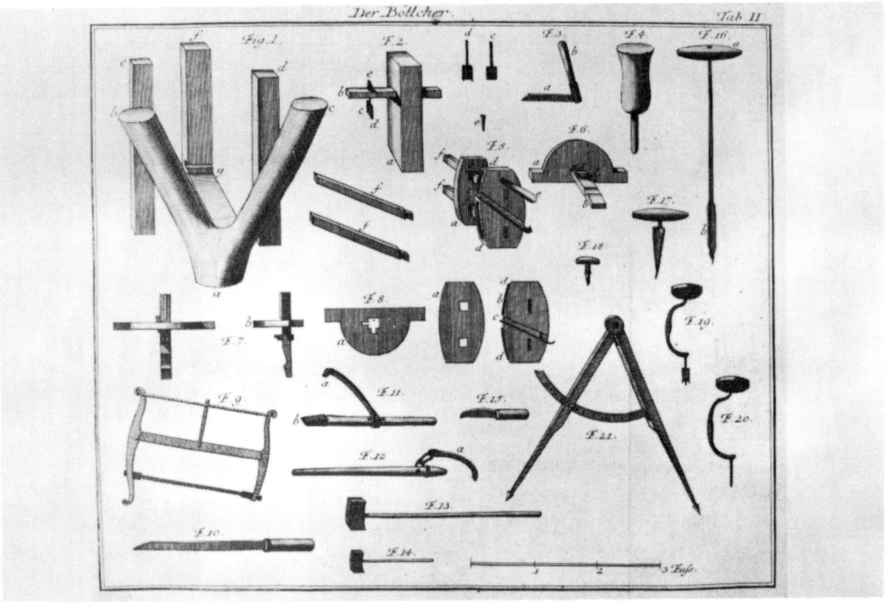

**Abb.18: Tafel II nach F.v. Bandaroy**

(Abb. 18) Figur 1 stellt den Endstuhl vor, der allerdings in heutigen Küfereien kaum mehr anzutreffen ist. In die Gabel a, b, c, die im Boden eingegraben ist, und gegen die senkrechten Stäbe d, e, f, von denen f durch ein horizontales Querholz g mit der Gabel verbunden ist, wird das Faß gelegt, um etwa die Daubenköpfe abzustemmen oder die Dauben mit Schaber und Hobel zu glätten. Der Einschnitt g dient dazu, dem Kopfende des Fasses einen Halt zu geben. Nr. 2 zeigt den Gargelkamm; wird benötigt, um die Kimme, in die der Faßboden gesetzt wird, anzureißen. Nr. 3: Spalt- oder Klöbeisen zum Spalten großer Holzstücke, um Dauben herzurichten. Nr. 4: Kimmkeule oder Schlägel; mit ihm wird das Spalteisen in das Holz getrieben. Nr. 5 - 8: Gargelkämme oder Bodeneinschneidhobel; sie dienen dazu, den Faßboden einzuschneiden, d. h. den Boden von zwei Seiten zu spitzen, um ihn für die Kimme am Faßkopf passend zu machen. Nr. 9: Säge. Nr. 10: Hand- oder Stichsäge. Nr. 11 und 12: Reifenzangen; dienen zum Aufziehen der Kopfreifen. Nr. 13 und 14: Verschiedene Schlägel. Nr. 15: Kleines Messer, um Liesch (Werg, Schilf) zwischen die Dauben zu stopfen, damit das Faß dicht wird. Nr. 16 - 20: Verschiedene

Bohrer für Löcher der Verzapfungen (am Boden), Spund- und Zapfenloch. Nr. 21: Großer Zirkel, um Faßböden anzureißcn.

(Abb. 19) Figur 1 zeigt einen im 18./19. Jahrhundert üblichen Windewagen der Küfer und Schröter, diente dem Faßtransport. Nr. 2 - 4: Details des Windewagens. Nr.5: Kleine Bütte oder Wanne, Inkbütte; wird beim Weinabstich benötigt. Nr. 6: Kleines Wasserhandfaß mit Hahn. Nr. 7: Trichtergefäß für die Kellerarbeit. Nr. 8: Eimer. Nr. 9 - 12: Verschiedene Henkelkrüge, Stützen. Nr. 13: Fäßchen für Weinessig. Nr. 14 und 15: Öhrfäßchen. Nr. 16: Butterfaß. Nr. 17: Holztrichter. Nr. 18 und 19: Traubenbütten. Nr. 20: Kimme für den Boden eines Bottichs. Nr. 21: Badebütte. Nr. 22: Kastenbottich. Nr. 23: Querstab für zylindrischen Bottich, ähnlich wie Nr. 22. Nr. 24 - 26: Branntwein-, Oliven- und Senffaß. Nr. 27 und 28: Bojenformen für die Schiffahrt des 18. Jahrhunderts.

(Abb. 20) Figur 1 - 5: Reifen für den Transport schadhafter Fässer. Dieser Reifen wird umgelegt, wenn einige der eigentlichen Reifen des Fasses und die Dauben auseinanderzufallen drohen. Nr. 6 und 7 betrifft die Herstellung der Spunde. Nr. 8: Weinpumpe oder Weinheber aus verzinktem Blech. Nr. 9: Span aus Buchenholz; wird in ein Weinfaß gelegt, um den Wein zu klären. Nr. 10 und 11: Weidenbündel, wie sie auf den Märkten gehandelt wurden. Nr. 12: Flaschenzug der Küfer und Schröter, um

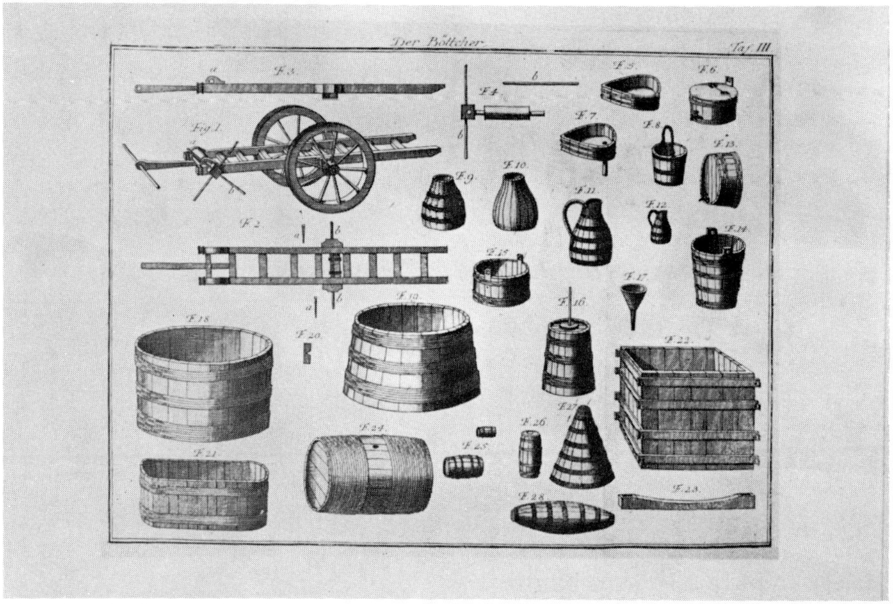

**Abb.19: Tafel III nach F.v. Bandaroy**

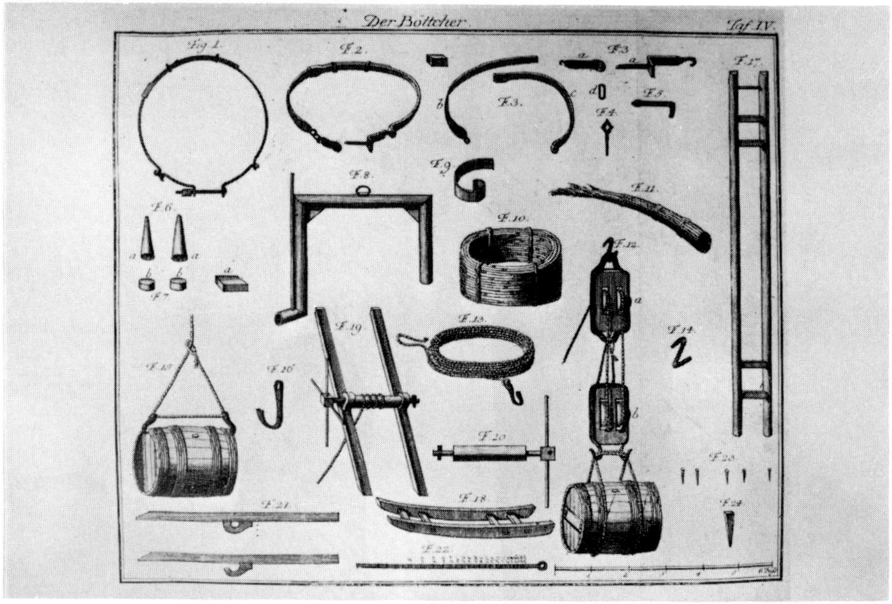

**Abb.20: Tafel IV nach F.v. Bandaroy**

Fässer in den Keller zu hieven. Nr. 13 und 14 zeigen das zugehörige Tau und den Haken. Nr. 15 und 16: Günstiger Knoten, um das Tau zu binden und zugehöriger Haken. Nr. 17 und 18: Schrotleitern. Nr. 18 - 21: Handwinde für den Transport der Fässer über die Schrotleiter. Nr. 22: Visierstab oder Meßstab; dient dazu, den Fässern das gewünschte Maß zu geben. Nr. 23: Zapfen zum Verschließen kleiner Öffnungen am Faß. Nr. 24: Keil zum Befestigen des Riegelholzes eines Faßbodens.

(Abb. 21) Figur 1 stellt die Bearbeitung des Daubenholzes mit dem Bindmesser auf dem Haublock dar. Nr. 2: Das Daubenholz wird mit dem Lenkbeil behauen. Nr. 3: Arbeit an der Schneidebank. Glätten der Dauben. Nr. 4: Arbeit an der Fügebank. Glätten der Fuge. Nr. 5: Vorbereiten des Faßbodens. Aufzeichnen des Radius mit dem Zirkel. Nr. 6: Absägen der Bodenhölzer auf das durch den Zirkelschlag angegebene Maß. Nr. 7: Aufstellen der Dauben mit Hilfe des Setzreifens. Nr. 8: Zusammenbiegen der Dauben mit dem Faßzug. Nr. 9: Faß im Endstuhl. Einreißen der Kimme mit dem Gargel. Nr. 10: Dauben, a) im unbearbeiteten Zustand, b) gerundete Daube für äußere Fläche eines Fasses, c) zugeschnittene Faßdaube. Nr. 11: Vorbereitung zum Einstellen der Dauben in den Setzreifen. Nr. 12: Faß ohne Boden mit zwei Reifen. Nr. 13: Zusammenbiegen des Faßrumpfes mit dem Faßzug. Nr. 14: Aufgesetzter und mit den ersten Bändern oder Reifen abgebundener Faß-

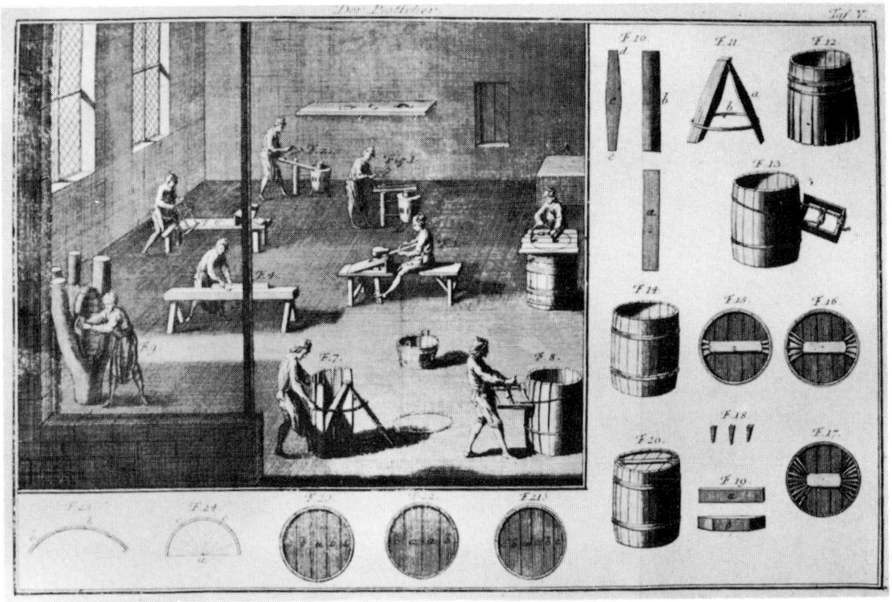

**Abb.21: Tafel V nach F.v. Bandaroy**

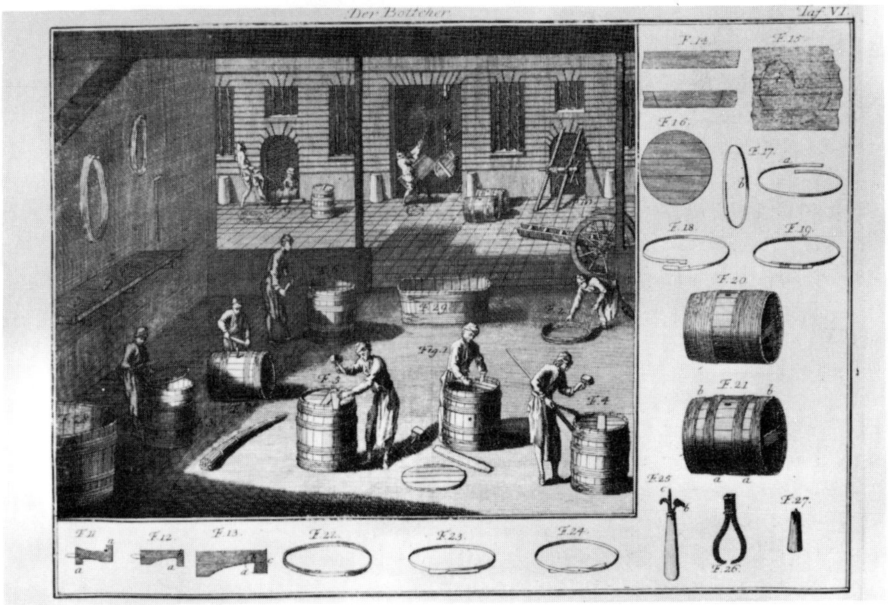

**Abb.22: Tafel VI nach F.v. Bandaroy**

rumpf. Nr. 15 - 19: Böden mit Riegelhölzern und deren Details. Nr. 20: Fertiges Faß. Nr. 21 - 23: Faßböden mit verschieden angeordneten Mittelstücken, kürzeren Mittelstücken und Gehren. Nr. 24 demonstriert die Rundung eines Fasses, die dann gegeben ist, wenn die Fugen beim Zusammenbinden durch die Reifen genau aneinanderpassen. Die Verlängerungen der Fugen müssen sich im Kreismittelpunkt treffen, angegeben durch die Linien c - a. Nr. 25: Beim ungebundenen Faß klaffen die Daubenfugen (b) auseinander.

(Abb. 22) Figur 1: Einsetzen der Bodendauben. Nr. 2: Ein Arbeiter mit Reifen. Nr. 3: Arbeiter mit Weiden für die Faßreifen. Nr. 4: Umlegen der Reifen mit den Reifenzangen. Nr. 5: Auftreiben der Reifen. Nr. 6: Bohren der Löcher für die Pflöcke des Riegelholzes. Nr. 7: Bohren des Spundloches. Nr. 8: Einbringen eines Fasses in den Keller mit Hilfe des Flaschenzuges. Nr. 9: Das gleiche mit einer vor den Kellereingang gestellten Winde. Nr. 10: Winde vor einer Kellertreppe. Nr. 11 - 13: Verschiedene Model. Nr. 14 - 16: Herstellen eines Faßbodens. Nr. 17 - 19: Zu Bändern oder Reifen geschnittene und gebundene Weiden. Nr. 20 und 21: Verschieden gebundene Fässer. Nr. 22 - 24: Verschiedene Reifen oder Bänder. Nr. 25: Reißer, um in das Faß das Meisterzeichen einzukerben. Nr. 26: Zange. Nr. 27: Spalter zum Teilen der Bandweiden. Nr. 28 und 29: Große Bütten oder Wannen.

**Abb.23: Herstellung eines Fasses nach einer anonymen Lithographie, Mitte oder zweite Hälfte des 19. Jahrhunderts**

## Herstellung eines Fuderfasses

In der Küferei unterscheidet man die Gefäße nach den Kriterien der Dichte, nach der Beschaffenheit der Dauben — ob gerade oder gebogen — nach der Spitzung oder dem Bind (d. h. ein Ende des Gefäßes ist enger als das andere) und schließlich nach der Anzahl der Böden — ob ein oder zwei Böden. Als die bekanntesten dichten Behältnisse mit gebogenen Dauben können die Bier- und Weinfässer gelten. In ihrer üblichen, unverzierten Form als Gebrauchsfässer stellten sie früher das Gros aller in Brauereien und Kellereien benötigten Gefäße. Seltener dagegen waren Schmuckformen mit reich verzierten Böden und Riegeln. Solche üppig gestalteten Fässer, die zur Repräsentation aufgestellt wurden, konnten sich in der Regel nur größere Betriebe oder Weingüter leisten. Ausnahmsweise gaben Winzer derartige Schmuckfässer in Auftrag, um in ihnen Spitzenweine eines besonders guten Jahrganges zu lagern. Gegenwärtig erfreuen sich ähnliche, neu geschaffene Repräsentations- oder Prunkstücke besonders in den Weinprobierstuben wachsender Beliebtheit. Aus Platzgründen begnügt man sich allerdings meistens mit Faßköpfen.

**Abb.24: Geschnitzter Faßboden aus Flörsheim/Rheinhessen**

**Abb.25: Faßboden mit dem Relief einer Küferfamilie, um 1810 (Hist. Museum der Pfalz/Speyer)**

Dieser in allen Weinlandschaften zu beobachtende Trend erklärt sich aus der modernen Kellerwirtschaft mit ihren Kunststofftanks, deren Atmosphäre einer Weinprobe nicht die gewohnte Weihe zu geben vermag.

Wie bereits öfters betont, ist die Arbeit, die bei der Herstellung eines Fasses (Weinfasses) verrichtet wird, in ihrem wesentlichen handwerklichen Teil (ohne Berücksichtigung der Holzbearbeitungsmaschinen) seit Jahrhunderten gleichgeblieben. Dies läßt sich an Hand einer Fotoserie dokumentieren, die aus den Jahren 1977/78 stammt und die verschiedenen Stadien des Fügens eines Fuderfasses zeigt. Bis auf die Abbildungen Nr. 26 und 27 (Küferei Ph. Lauff, Weinsheim bei Bad Kreuznach) stellen die übrigen Aufnahmen, Nr. 28 - 96, Küfermeister Edmund Wagner aus Zeltingen an der Mosel bei der Arbeit in seiner Werkstätte dar.

Wie bei allen Holzgefäßen spielt auch bei der Herstellung des Fasses das Holz — die Qualität des Stammes — eine wichtige Rolle. Der Küfer ersteigert nach Besichtigung das Stammholz — für Fässer in der Regel Eiche, manchmal so in der pfälzischen Landschaft Haardt auch Kastanie —, läßt entweder den Stamm auf der Band- oder Gattersäge vierteln und dann spiegelschneiden oder spaltet selber das Holz. Anschließend wird es in hohen Stößen zum Trocknen aufgesetzt. Die Stäbe oder Bretter müssen in der Art untereinandergelegt werden, daß die Luft über die Schnitt- oder Spaltflächen streichen kann. Die Lagerung zieht sich ein Jahr, oft auch länger hin.

Das Spalten des Holzes geschieht in der Weise, daß zunächst die Rinde vom Holzstamm abgeschlagen wird (Abb. 28); dann läßt sich mit dem Spalteisen, das durch die Schläge eines wuchtigen Schlägels in das Holz getrieben wird, das Holz in Faserrichtung reißen (Abb. 29/30).

Abb.26: Eichenstamm aus dem Soonwald (Hunsrück) für die Küferei Ph. Lauff in Weinsheim bei Bad Kreuznach

Abb.28: Spalten eines Holzstammes

Abb.27: Aufgesetztes Faßholz der Küferei Lauff in Weinsheim

Abb.29

**Abb.30**

**Abb.31: Streifen einer Daube mit dem Model**

**Abb.32: Fügen auf der Fügebank**

Mit den gewonnenen bretterähnlichen Holzstäben, von denen das überflüssige Splint- und Herzholz entfernt worden ist, liegen die Dauben in ihrer Rohform vor. Sie werden zunächst nach dem Vorbild des Lenkscheides, das als Daubenmuster dient, gezeichnet. Dies ist notwendig, um die Maße der Dauben und ihre Spitzung zu bestimmen. Auf der äußeren Seite werden die Stäbe mit dem Geradmesser oder Geradeeisen — passend der gebogenen Seite des Fügemodels — zugeschnitten und auf der inneren Seite mit dem Krummesser ausgehöhlt. Auf ihrer Mitte sind die Dauben mit einer Querlinie versehen worden, die den Bauchriß angibt, d. h. die mittlere Linie des Faßbauches oder des äußeren Faßumfanges. Nach der Zeichnung des Lenkscheides werden die Dauben mit dem Lenkbeil behauen (= Lenken), um anschließend auf dem Fügeblock gefügt zu werden. Alle diese Arbeitsgänge dienen dazu, den Stäben die richtige Gestalt für die Faßkrümmung und den Fugen den entsprechenden Winkel zu geben. Zur Kontrolle hält der Küfer die in Frage kommenden Model über die Daube und vergewissert sich, ob noch nachzuschneiden oder nachzufügen ist. Abbildung 31 zeigt den Meister mit einer schon weitgehend gelenkten Daube, deren Oberfläche er mit dem Model streift. Abb. 32 demonstriert das nochmalige Fügen (=

**Abb.33: Kontrolle mit dem Model**

Hobeln) auf dem Fügeblock. Bei Abb. 33 schaut der Küfer durch den Model, um zu beurteilen, ob die Fuge richtig gefügt ist.

Der nächste Arbeitsgang ist darauf ausgerichtet, die gefügten Dauben zu einem Faß zusammenzustellen. Dies geschieht mit Hilfe der Setzreifen. Zunächst stellt man in einen oberen und unteren Reifen, die enger sind als der Bauchreifen, die vier Hauptdauben, die durch Zwingen an dem oberen Reifen befestigt sind; dann läßt sich in den Bauch des späteren Fasses ein dritter Reifen klemmen, der ebenfalls an den Dauben befestigt wird. Dieser Reifen gibt die Bauchlinie an. Abb. 34 und 35 verdeutlichen diese Arbeitsgänge.

Abb. 36 zeigt, wie die letzte Daube eingespannt wird. Damit sie in den unteren Reifen rutscht, muß sie mit Gewalt eingetrieben werden.

Abb. 37: Um der nun aufgestellten Zarge (= Faß ohne Boden) einen besseren Halt zu geben, werden die Reifen aufgetrieben.

**Abb.36**

**Abb.34: Einstellen der Dauben in die Setzreifen**

**Abb.35**

**Abb.37**

**Abb.38: Ranken der Dauben**

**Abb.39: Lösen des mittleren Setzreifens**

Da nicht alle Dauben mit ihrem Bauchriß übereinstimmen, müssen sie auf den Strich geklopft werden, d. h. Gleichziehen oder Ranken der unregelmäßig stehenden Dauben, um die Waagerechte (= Bauchriß) der Zarge zu erhalten (Abb. 38).

Nachdem die Reifen nachgetrieben worden sind, kann der mit Nocken und Draht befestigte Setzreif (= Spannreif) gelöst und aus der Zarge gezogen werden (Abb. 39).

Die Reifen müssen nochmals nachgezogen werden; dann hat die Zarge die Festigkeit erhalten, daß sie sich durch Feuer erhitzen läßt. Dadurch werden die Dauben biegsam, und die Fugen schließen sich schneller. Im allgemeinen zieht man vor dem Feuern die noch auseinanderklaffenden Faßstäbe mit dem Faßzug — eine Schraubenwinde mit Drahtseil — zusammen. Dabei wird das Seil um die Zarge gelegt und angezogen. Dieser Arbeitsgang ist bei dem obigen Verfahren deswegen nicht notwendig, weil die Dauben durch das Einstellen in die Reifen und durch die erzeugte Spannung des mittleren Setzreifens (= Spannreifen) bereits in die gewünschte Faßform gebogen worden sind.

Die Arbeit des Wärmens wird auf dem Hof durchgeführt. Der Küfer stellt die nach draußen beförderte Zarge über ein kleines offenes Feuer

**Abb.40: Wärmen, Abkühlen und Auftreiben der Reifen**

**Abb.41**

**Abb.42**

und läßt die Dauben solange erhitzen, bis auf ihrer äußeren Fläche die Wärme zu spüren ist (Abb. 40). Gleichzeitig wird der nächste Reifen aufgezogen (Abb. 41).

Anschließend — um das Holz biegsam zu machen — wird die Zarge von innen und außen befeuchtet (Abb. 42). Dies geschieht mehrmals im Wechsel mit dem Auftreiben der Reifen und dem Ausrichten der Dauben (Abb. 43 und 44), bis die Zarge, die nach diesem Arbeitsgang Rumpf genannt wird, endgültig abgekühlt wird (Abb. 45).

Nach dem wechselseitigen Wärmen, Kühlen und Auftreiben der Reifen sind die Dauben fest und dicht ge-

**Abb.43**

**Abb.44**

Abb.45

fügt. Der Rumpf kann nun in die Werkstätte zurückgerollt und dort aufgestellt werden.Mit Hilfe eines Stangenzirkels, den der Küfer an der Bauchlinie ansetzt, läßt sich die Daubenlänge ermitteln. Die Dauben werden in ihrer Höhe mit einem Strich gezeichnet und längs dieser Kopflinie abgesägt (Abb. 46 - 48).

Das noch unebene Holz der Innenseite des Rumpfes wird zunächst mit einem Rundhobel, dem Auskerbhobel, geglättet (Abb. 49 und 50). Anschließend kann der Endhobel an die Daubenköpfe gesetzt werden (Abb. 51). Dies ist die vorbereitende Arbeit für das folgende Gargelreißen. Mit dem Gargelkamm wird die Kimme für den Faßboden gerissen (Abb. 52).

**Abb.46: Anzeichnen der Kopflinie und Absägen der Daubenköpfe**

**Abb.47**

**Abb.48**

Abb.49: Glätten der Faßinnenseite

Abb.50

Abb.51: Glätten der Daubenköpfe

Im folgenden schlägt der Küfer den Zirkel sechsmal um die Kimme und erhält somit die Maße des Bodens (Abb. 53).

Abb.52: Reißen der Kimme

Abb.53: Maßnehmen mit dem Zirkel

**Abb.54: Aufsetzen der Bodenbretter**

**Abb.55: Herstellen der Dübel**

**Abb.56: Bohren der Dübellöcher**

Nachdem die Dauben für den Boden ausgesucht und gefügt worden sind, werden sie zusammengesetzt und numeriert. Anschließend wird mit dem Zirkel die Umrißlinie des Bodens gezogen (Abb. 54).

Da die Bodendauben nicht geleimt, sondern gedübelt werden, sind zunächst die Dübel herzustellen; der Küfer fertigt sie mit Hilfe des Dübeleisens an (Abb. 55). Danach werden die Dübellöcher in die Bodenbretter gebohrt, die Dübel eingesetzt, angespitzt und die Bretter zusammengefügt (Abb. 56 und 57). Mit dem Zirkelschlag wird der Boden umstochen (Abb. 58). Die Bretter können nun nach dem eingeritzten Kreisumriß abgesägt werden (Abb. 59).

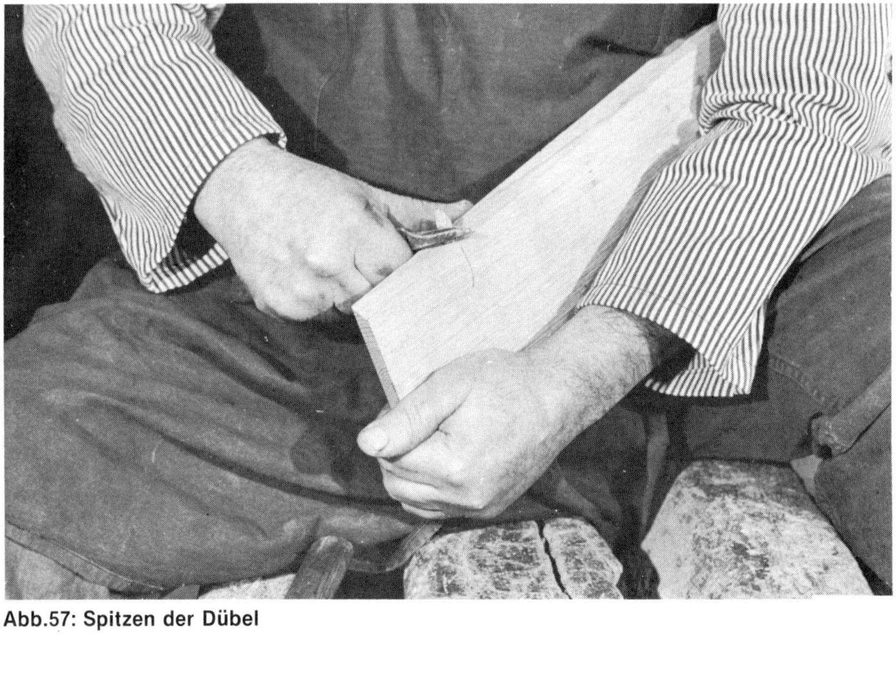

**Abb.57: Spitzen der Dübel**

Abb.58: Umschlagen mit dem Zirkel

Die nächsten Arbeitsgänge sind ebenfalls auf den Boden ausgerichtet, dessen Kante passend für die Kimme oder Gargel geschnitten werden muß. Nach dem kleinen äußeren Brahmschnitt (Abb. 60) wird die Gargelstärke mit dem Streichmaß aufgezeichnet (Abb. 61 und 62).

Abb.59: Absägen der Bodenbretter

Abb.60: Äußerer Brahmschnitt

Abb.61: Aufzeichnen der Gargelstärke

Abb.62

Abb.63: Beilen des Hauschnittes

Nach der geritzten Linie kann der große Brahmschnitt (= Hauschnitt) mit dem Beil ausgehackt werden (Abb. 63). Dabei hat der Küfer den Faßboden zwischen seine Beine und in die sogenannte Bodenbank (= Bank mit zwei Spalten in der Größe verschiedener Böden) geklemmt (Abb. 64).

Nach dem Einsatz des Brahmhobels hat die Bodenkante die richtige Stärke für die Kimme erreicht (Abb. 65).

Bevor der zweite Boden in den Faßrumpf eingebunden wird, muß noch das Spundloch gebohrt werden, denn sonst blieben die Späne im geschlossenen Faß (Abb. 66). Zum Einsetzen des Bodens oder der Böden werden die Kopfreifen gelöst; dann läßt sich

Abb.66: Bohren des Spundloches

das Bodenrund mit Hilfe der Bodeneisen in die vorgesehene Kimme setzen und ziehen (Abb. 67 und 68).

Sicherheitshalber preßt der Küfer in die Fugen des Faßkopfes noch Schilf oder Liesch ein, um ein späteres eventuelles Durchdringen der Flüssigkeit zu verhindern (Abb. 69 und 70).

Abb.64

Abb.65: Einsatz des Brahmhobels

Abb.67: Einsetzen des Bodens

Abb.69: Einziehen des Liesches

Abb.68

Abb.70

**Abb.71: Aufziehen der Reifen**

**Abb.72: Streichen mit Faßöl**

Nachdem das Faß abgehobelt und die Reifen wieder aufgezogen sind (Abb. 71), kann der Küfer zum letzten Arbeitsgang, den Anstrich mit Faßöl, übergehen (Abb. 72).

## Faßreparatur

Nach dem Rückgang der Aufträge neuer Fässer sind heute neben der Herstellung von Ziergegenständen Faßreparaturen das eigentliche Arbeitsgebiet der Küfer. Die Abbildungen 73 - 76 zeigen ein Fuderfaß, das einige defekte Dauben aufweist. Um diese Schäden zu beheben, müssen zunächst, bis auf einen Arbeitsreifen, die Faßreifen abgeschlagen werden. Dann lassen sich die gebrochenen Dauben entfernen und durch neue ergänzen. Die rechts und links der Schadstelle benachbarten Dauben müssen, weil sie sich verzogen haben, nachgefügt werden. Nachdem die Dauben wieder eingesetzt sind, werden die überstehenden Köpfe abgesägt. Anschließend wird der Boden eingesetzt und werden die Reifen aufgetrieben.

## Herstellung anderer Gefäße

Zu den schwierigen Aufgaben eines Küfers gehört die Anfertigung von Kannen (Stützen), wie sie früher in der Kellerwirtschaft benutzt wurden. In vielerlei Beziehung wiederholen sich hierbei die bereits bei der Faßherstellung kennengelernten Arbeitsabläufe. Die Dauben werden nach

Abb.73: Auswechseln der schadhaften Dauben

Abb.74: Nachfügen der Dauben

Abb.75: Auftreiben der Reifen

Abb.76: Absägen der Daubenköpfe

dem Lenkscheid gehauen, gespitzt und gefügt und anschließend im Setzreifen aufgestellt (Abb. 77 - 79). An Stelle des Wärmens ergibt sich mit dem mehrmaligen Kochen der Kannenrümpfe — jeweils zirka 5 - 8 Minuten — ein neuer Arbeitsgang (Abb. 80). Das folgende Zusammenziehen der Dauben zeigt den Einsatz eines Faßzuges, der sonst auch bei der Herstellung großer Fässer verwendet wird (Abb. 81 und 82). Mit dem Auftreiben der Reifen (Abb. 83), Glätten mit dem Zieheisen (Abb. 84), Umstechen mit dem Zirkel (Abb. 85), Einsetzen des Bodens, Einziehen des Schilfes (Abb. 86) wiederholen sich ebenfalls bekannte Arbeitsweisen. Mit einem Griff versehen, ist die Kanne zum Gebrauch fertig (Abb. 87).

**Abb.77: Lenken der Dauben**

**Abb.78: Aufstellen der Dauben**

**Abb.79**

**Abb.80: Kochen der Kannen**

**Abb.81: Zusammenziehen mit dem Faßzug**

Abb.82

Abb.83: Auftreiben der Reifen

Abb.84: Glätten mit dem Zieheisen

Abb.85: Umstechen mit dem Zirkel

Abb.86: Einziehen des Liesches

Abb.87: fertige Kannen

Aufgrund des schlechten Absatzes an Weinfässern hat sich die Küferei Wagner/Zeltingen vor allem das Gebiet der Ziergegenstände erschlossen. Daneben werden auch gelegentlich Sonderbestellungen angenommen — so die Fertigung einer Badewanne, die auf den Abbildungen 88 - 90 im halbfertigen Zustand — während und nach dem Aufstellen der Dauben in den Setzreifen — zu sehen ist.

**Abb.88: Aufstellen der Dauben**

**Abb.89**

**Abb.90: Auftreiben der Reifen**

An sonstigen Arbeiten fallen hin und wieder Anfertigungen von Weinbütten an, die früher — wie Abbildungen 91 und 92 — als Ink- oder Kelterbütten zur Aufnahme des Mostes beim Keltern dienten. Die schmale Form der Bütte verlangt vom Küfer eine große Geschicklichkeit bei der Arbeit.

**Abb.91: Inkbütte**

**Abb.92**

**Abb.93: Eiovaler Trichter**

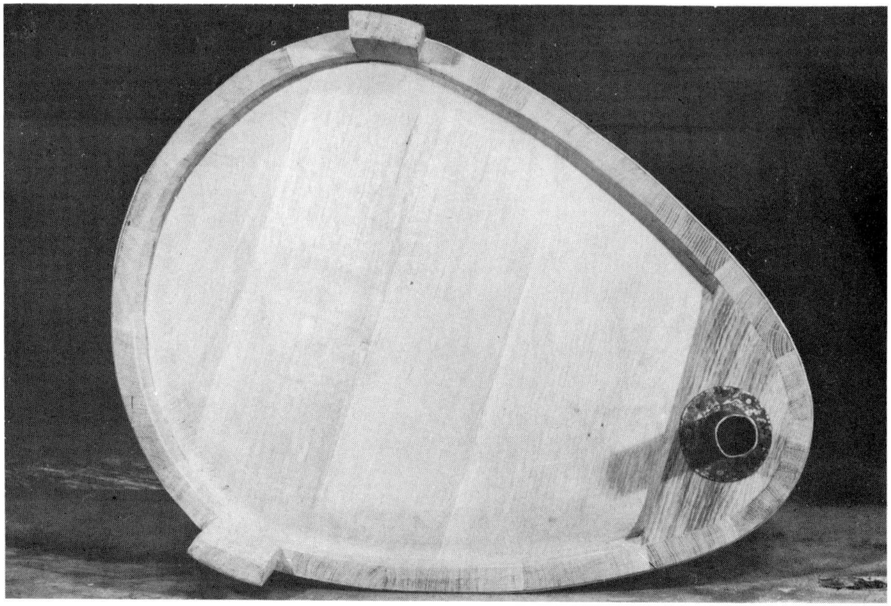

**Abb.94**

Schwierig zu fügen sind auch die eiovalen Trichter, die in der Kellerwirtschaft schon lange unüblich sind, heute aber als Blumenkästen oder Hausschmuck Verwendung finden (Abb. 93 und 94).

Neben Reparaturen an Fässern fallen manchmal auch Flickarbeiten an anderen Gefäßen an — etwa das Auswechseln einer Daube an Butterfässern, denen gegenwärtig ebenfalls nur mehr Ziercharakter zukommt (Abb. 95).

Über die ganze Sparte der folkloristischen Fertigung, die heute aufblüht, gibt ein Blick in die Werkstätte Auskunft — mit dem Repertoire an zu Schirmständern gewordenen Butterfässern, Tischen mit Faßköpfen als Platten, Bierfässer als Hocker oder Bartheken ebenfalls mit Faßköpfen als Verblendung (Abb. 96).

**Abb.95: Butterfaß**

**Abb.96: Blick in die Werkstätte**

# Brauchtümliche Formen

Wie jedes Handwerk kennt auch dasjenige der Küfer brauchtümliche Formen. Sie sind sicherlich aus dem Zunftleben und den damit verbundenen festlichen Anlässen entstanden. Aus Saarburg und Traben an der Mosel ist der St. Jakobus-Tag (25. Juli) noch als Patronatstag der Küfer bekannt. (Im Gegensatz dazu gilt in der Regel St. Urban als Schutzheiliger der Winzer und Küfer). Sonstige Nachrichten auf brauchtümliche Formen und Festgeschehen sind mit der in besonders strengen Wintern markanten Übung verknüpft, auf zugefrorenen Flüssen ein Faß zu binden. So traf sich im Winter des Jahres 1740 die Frankfurter Faßbinderzunft auf der geschlossenen Maindecke, fügte dort zwei Fässer und feierte auf dem Fluß ein Fest, das mit einem Umzug der Zunftmitglieder verbunden war[15]. An der Mosel und am Rhein wurde ähnliches festliches Treiben noch in diesem Jahrhundert gepflegt. In den Wintern der Jahre 1929 und 1956 band beispielsweise Küfermeister Hösch mit seinen Gesellen auf dem Rhein bei Bingerbrück gegenüber der Burgruine Ehrenfels jeweils ein Faß. An diesen spektakulären Ereignissen nahm die Bevölkerung regen Anteil.

**Abb.97: Faßbinden auf dem zugefrorenen Rhein. Text der Tafel links: »1929 — Dieses Fass ist vom Meister Hösch auf dem zugefrorenen 'Vater Rhein' am 2. März 1929 gefügt für die Firma Jos. Amling — Weingutsbesitzer — Rupertsberg — B(inger)brück«**

## Kleidung

Noch in den zwanziger, dreißiger Jahren war es unter den Küfern üblich, eine eigene Berufsbekleidung zu tragen. Sie bestand aus einem roten, geknoteten Halstuch, einer schwarzen Mütze und der umgebundenen Lederschürze. Über die alte Arbeitskleidung vermag — wenigstens was die Landschaft der Mosel betrifft — eine bemalte Hausfassade (18. Jahrhundert) von St. Aldegund Auskunft zu geben; sie stellt zwei Küfer beim Auftreiben von Faßreifen dar. (vgl. das Titelbild).

## Sprichwörter

Mit dem Küferhandwerk — besonders mit dem Faß — sind viele Redensarten und Wortspielereien verbunden, die zum Teil in den allgemeinen Sprachgebrauch übergegangen sind[16]. Auch haben sich — landschaftsbezogen — etliche Scherz- und Spottnamen auf den Küfer herausgebildet[17]. Einige im Rheinland immer wieder genannten Sprüche sind:

> Wer das Küferhandwerk veracht,
> den holt der Teufel bei der Nacht.
>
> Wir sind die lustigen Küfergesellen
> können machen, was wir wöllen.
>
> Ein Küfer, der nicht säuft,
> Ein Hobel, der nicht läuft,
> Ein Mädel, das nicht stille hält,
> gehöret nicht auf diese Welt.
>
> Mit Eichenholz und Rebensaft
> der Küfer sich durch's Leben schafft

# Folkloristische Erscheinungen

Küferei und Schröterei sind beliebte Gegenstände folkloristischer Darbietungen und Themen. Im Zusammenhang mit der Jahrtausendfeier des Rheinlandes (1925) und den sich in den zwanziger und dreißiger Jahren in den rheinischen Landschaften ausbreitenden Winzerfesten mit ihren Umzügen lag es nahe, auch diese Handwerke einzubeziehen. Gerne griff man dabei auf zünftige Vorstellungen und überlieferte Formen wie den Münchner Schäfflertanz zurück[18]. In Oppenheim am Rhein wurde 1928 als Vorspiel zu einem Küfertanz eine Art Schauspiel mit dem Titel »Ein Küfertag in Oppenheim — Anno 1354« aus der Taufe gehoben[19]. Im Festzug des Winzerfestes zu Nierstein (1935 — 1939, um 1948 — 1969/70) wirkte eine aus jungen Burschen gebildete »Küfergruppe« mit, die um ein Faß tanzte, auf dem mit Wein gefüllte Becher standen. Die Jungen tranken den Wein oder gaben dies wenigstens vor und simulierten trunkene Küfer oder Küferlehrlinge. Dieser Tanz, der für das Fest einstudiert worden war, wurde von der Bevölkerung begeistert gefeiert — vor allem, wenn zum Schluß der Darbietung einer der mit Pluderhose, Schürze, Winzerbluse und Perücke verkleideten Jungen von seinen Kamaraden in die Luft geworfen wurde[20]. Mitte der fünfziger Jahre ergriff eine andere Niersteiner Gruppe die folkloristische Initiative und begründete die Gruppe der »Niersteiner Wein-Nasen«. Diese Vereinigung führt bei festlichen Anlässen symbolisch eine Art von »Küfertanz« auf, in dessen Mittelpunkt das Fügen eines Fasses und Beklopfen der Reifen im Takt der begleiteten Musik steht. Außerdem bietet die bis nach Übersee gereiste Gruppe mit dem Reifenschwingen — in einen Faßreifen wird ein gefülltes Glas oder eine Weinflasche gestellt und rythmisch, ohne einen Tropfen zu vergießen, durch die Luft gewirbelt — und dem posaunenähnlichen Blasen auf Weinschläuchen weitere touristisch-folkloristische Höhepunkte[21].

Zu den Folklore-Gruppen gehört ebenfalls die in Traben (Stadtteil von Traben-Trarbach) ansässige »Schröterzunft« — ein Pendant zu ähnlichen Vereinigungen in Winningen und Königswinter (die letzten beiden entstanden im zweiten Drittel des zwanzigsten Jahrhunderts). Das Schrötergewerbe war in Trarbach als Zunft

**Abb.98: Die »Niersteiner Wein-Nasen«, links Beklopfen der Reifen, der Musikant mit der Begleitmusik nicht sichtbar**

**Abb.99: Plakat zum Fest der Trabener »Schröterzunft«, 1978**

organisiert — erste Urkunde von 1632; es löste sich — wie alle Zünfte — Ende des achtzehnten, Anfang des neunzehnten Jahrhunderts auf. Die heutige Gruppe von zirka dreißig Mitgliedern — sie verstehen sich als eine Traditionszunft — erwuchs 1958/59 aus dem Karnevals-Club »Die Vaddere«, dessen Programm auf den Kappensitzungen von einer »Schrötergruppe« mit gestaltet wurde. Die »Zunft« steht allen Berufen offen. Das gesellige Leben wird bestimmt durch das große, weit über Traben-Trarbach bekannt gewordene »Zunftfest«, das Ende Juli — in Anlehnung an den St. Jakobs-Tag — als ein Volksfest gefeiert wird. An diesen Tagen treten die »Zunftmitglieder« in phantasievoller Tracht auf (grüne Jacke, braunes Lederwams oder kleine Lederschürze) und organisieren das von ihnen ins Leben gerufene Fest. Die »Zunft« besitzt in ihrem Vereinslokal eine eigene »Zunftstube«, in der sie sich monatlich trifft. An St. Martini (11. 11.; gleichzeitig Karnevalsbeginn) legen die Mitglieder ihre Tracht an und speisen in ihren Räumlichkeiten von einem vor wenigen Jahren gefertigten, aufwendigen Zinngeschirr (für fünfzig Personen)[22].

## Anmerkungen

1) Mitgeteilt von Herrn Jakob Schneiderheinze, Flörsheim-Dalsheim, Innungsmeister der Küfer im Bezirk der Handwerkskammer Rheinhessen.
2) Laufer, Wolfgang: Sozialstruktur der Stadt Trier, S. 234, 283.
3) Kellenbenz, Hermann: Wirtschaftsgeschichte Kölns, S. 361.
4) Ricker, Leo: Synonymik der deutschen Handwerkernamen, S. 56-67, 76-79, 95-100. — Müller, Josef: Rheinisches Wörterbuch, 2. Bd., Stichwort »Faß«, S. 312-319; 4. Bd., Stichwort »Kufe«, S. 1657. — Haemmerli, Albert: Alphabetisches Verzeichnis, S. 30f.
5) Ricker, L.: Synonymik, S. 62ff.
6) Zitzen, E. G.: Scholle und Strom, S. 85-95.
7) An Quellen wurden herangezogen — zu Linz: Zunftakten Linz/Rh. von 1664, Landeshauptarchiv Koblenz, 2/2999; zu Trarbach: Zunftordnung Oberamt Trarbach von 1647, Landeshauptarchiv Koblenz, 33/6709; zu Enkirch: Zunftordnung Enkirch von 1759, Rechnungsbücher Oberamt Trarbach und Enkirch (1669-1767), Prozeßakten Enkirch gegen herrschaftliche Höfe (1761-73), Lehrvertrag von 1802, alles Privatbesitz von Hans Immich-Spier/Enkirch; zu Kreuznach: Zunftordnung Kreuznach von 1707, Stammregister der ehrs. Küferzunft Kreuznach, Protokollbücher Kreuznach (Küfer), alles Stadtarchiv Bad Kreuznach, 573/1,2 und 6/3,4; zu Kirn: Zunftordnung Kirn von 1709, Landeshauptarchiv Koblenz, 36/1600; zu Wittlich: Zunftakten der Steinhauer, Zimmerleute, Leyendecker und Weißbinder von 1708 Landeshauptarchiv Koblenz, 1A/3784.
8) Vgl. dazu einen bei Ernst Siegel: »Handwerk, Handel und Gewerbe in Simmern« (S. 34) angegebenen Lehrvertrag von 1797.
9) Das Benderhandwerk (Küfer) ist in Kreuznach schon 1343 nachweisbar. Vgl. Feld, Rudolf: Städtewesen, S. 178. — Eine Zunftordnung der Kreuznacher Faßbinder und Küfer von 1669 liegt im Landeshauptarchiv Koblenz unter der Signatur 33/619 vor.
10) Zu den Innungen wurden folgende Akten aus dem Besitz des Landeshauptarchivs Koblenz herangezogen: 441/23960, 24497, 23619.
11) Gedruckt in: Der Wein an Mosel-Saar-Ruwer im Kreis Trier-Saarburg, S. 182.
12) Das Original befindet sich im Besitz von Herrn Jakob Schneiderheinze, Flörsheim-Dalsheim/Rheinhessen.
13) Schröter, Willy u. Friedrich Röse: Taschenbuch, S. 27.
14) Mitgeteilt von Küfermeister Friedrich Wadle, Gleisweiler.
15) Bassermann-Jordan, Friedrich: Geschichte des Weinbaus, 2. Bd., S. 735, 741f.
16) Müller, Josef: Rheinisches Wörterbuch, 2. Bd., S. 312-319.
17) Ricker, Leo: Synonymik, S. 100ff.
18) Vgl. zum Küfertanz Bächtold-Stäubli, Hanns: Handwörterbuch des deutschen Aberglaubens, 5. Bd. S. 753f.
19) Mitgeteilt von Frau H. Frieß-Reimann, Nierstein.
20) Mitgeteilt von Familie Geil, Nierstein.
21) Mitgeteilt für die »Niersteiner Wein-Nasen« von Herrn Winzermeister Seip/Nierstein.
22) Mitgeteilt für die »Schröterzunft« von Herrn Stork/Traben.

## Literaturverzeichnis


Bächtold-Stäubli, Hanns und E. Hoffmann-Krayer: Handwörterbuch des Deutschen Aberglaubens, 5. Bd., Berlin/Leipzig, 1932/33.

Barfuß, Friedrich Wilhelm: Der Böttcher, 2. Aufl., Weimar 1847.

Ders. und R. Hentze: Der Böttcher, 10. Aufl., Leipzig 1907.

Bassermann-Jordan, Friedrich von: Geschichte des Weinbaus, 2 Bde., 2. Aufl., Frankfurt/M. 1923; Nachdruck 1975.

Bayer, Gerd: Enkircher Dorfleben im 18. Jahrhundert, hg.: Heimat- und Verkehrsverein Enkirch, 1978.

Breuer, Heinz: Das Wesen der deutschen Zünfte, Diss. München 1942.

Daehne, Paul: Der Holzbauch. Eine faßzinierende Faß-Fibel für fröhliche Gesellen, Berlin/Leipzig 1930.

Dengel, Josef: Vorlagen für das technische Skizzieren und Zeichnen der Küfer und Kübler an den gewerblichen Unterrichtsanstalten, hg.: Badisches Ministerium des Kultus und Unterrichts, Karlsruhe 1928.

Feld, Rudolf: Das Städtewesen des Hunsrück-Nahe-Raumes im Spätmittelalter und in der Frühneuzeit. Untersuchungen zu einer Städtelandschaft, Diss. Mainz, Trier 1972.

Fougeroux von Bandaroy: Die Böttgerkunst, = Schauplatz der Künste und Handwerke...., hg.: Joh. Heinr. G. von Justi, o.O., 1765.

Grünn, Helene: Faßbinder — Faßboden, Handwerk und Kunst, = Bd. 3 der Niederösterreichischen Volkskunde, Wien/München 1968.

Haemmerli, Albert: Alphabetisches Verzeichnis der Berufs- und Standesbezeichnungen vom ausgehenden Mittelalter bis zur neueren Zeit, o.O. 1933.

Kellenbenz, Hermann: Wirtschaftsgeschichte Kölns im 16. und beginnenden 17. Jahrhundert, = Zwei Jahrtausende Kölner Wirtschaft, 2. Bd., (S. 321-427), Köln 1975.

Kindler, Herbert: Der Handwerksberuf des Böttchers und Küfers, = Berufskunde des Handwerks, Fachliche Reihe, Folge 32, Bremen-Horn, (um 1949).

Laufer, Wolfgang: Die Sozialstruktur der Stadt Trier in der frühen Neuzeit, = Rheinisches Archiv 86, Bonn 1973.

Müller, Josef (Hg.): Rheinisches Wörterbuch, 2. u. 4. Band, Berlin/Leipzig, ab 1931.

Ricker, Leo: Zur landschaftlichen Synonymik der deutschen Handwerkernamen, Phil.-Diss., Freiburg/Br. 1917.

Siegel, Ernst: Handwerk, Handel und Gewerbe in Simmern, Simmern 1964.

Schmidt, August: Der Groß-Böttcher. Ein Hand- und Lehrbuch für Faßbinder, Elberfeld 1890.

Schröter, Willy und Friedrich Röse: Taschenbuch für das Faß- und Weinküfer-Handwerk, Alfeld 1951.

Dies.: Handbuch für den Faß- und Weinküfer und die Kellerwirtschaft, Alfeld 1961.

Der Wein an Mosel-Saar-Ruwer im Kreis Trier-Saarburg, hg.: Kreissparkasse Trier-Saarburg, Red.: Hubert Thoma, Trier o. J.

Zitzen, Emil G.: Scholle und Strom. Rheinischer agrarhistorischer Wortschatz, 3. Lieferung, Bonn 1952.

# Anhang:

## Fragebogen und Ergebnisse

Nachstehender Fragebogen wurde im Winter 1977/78 an noch arbeitende und auch ehemalige Küfereien in Nordrhein-Westfalen (vorzugsweise rheinischer Teil) und Rheinland-Pfalz verschickt. Zirka 160 Betriebe wurden angeschrieben. Die Adressen hatten freundlicherweise die verschiedenen Handwerkskammern und der »Verband des Deutschen Fass- und Weinküferhandwerks« besorgt. Leider stellte sich aber heraus, daß die Anschriftenkartei nicht mehr dem neuesten Stand entsprach und daß die meisten Betriebe ihre Arbeit eingestellt hatten. Zudem füllten einige Küfer den Fragebogen nicht aus. Immerhin wurden 39 ausgefüllte Fragebogen zurückgeschickt; darin sind die Bogen begriffen, die von Mitarbeitern des Amtes für rheinische Landeskunde Bonn und des Freilichtmuseums Sobernheim aufgrund persönlicher Befragungen bearbeitet werden konnten.

Die 39 eingegangenen Antworten verteilen sich auf elf selbständige Holzküfereien, vier kunststoffverarbeitende Betriebe (Plastiktanks), vier Weinküfereien und 20 eingestellte Küfereien.

Text des Fragebogens:

Amt für rheinische Landeskunde Bonn
Winter 1977/78

Rheinl.-Pfälz. Freilichtmuseum Sobernheim

**Fragebogen zur volkskundlichen Bestandsaufnahme des Küferhandwerks im Rheinland**

Mit diesem Fragebogen wird versucht, noch alle erreichbaren Angaben über die Lebens- und Arbeitsformen im traditionsreichen Küferhandwerk des Rheinlandes für Forschung und Nachwelt zu gewinnen. Beantworten Sie die Fragen bitte sehr sorgfältig. Schriftliche Zeugnisse aller Art und Bildmaterial sollten in diesem Zusammenhang gesichert werden. **Für ausführliche Berichte bitte beigelegte Blätter verwenden.**

**Bearbeiter:** Name Alter Beruf
Anschrift

1) **Angaben zur Person des Küfers**

Name Anschrift
Alter Berufs**bezeichnung**

2) **Ausbildung und beruflicher Werdegang**

— Lehre und berufliche Tätigkeit(en) nach Art, Zeit und Ort
— Gesellen- und Meisterstück; besondere Auszeichnungen
— Lehr- und Fachbücher; Zeichnungen und Entwürfe
— Nebenberufliche Tätigkeiten

3) **Angaben zur Küferwerkstatt**

— Gebäude/Lage (Skizze) — Größe — Aufteilung des Werkstatt- und Lagerbereichs
— Mitarbeiter und deren Tätigkeiten
— Umfang der Jahresproduktion (früher/heute)
— Welche technischen Einrichtungen stehen seit wann zur Verfügung?
— Geschichte der Werkstatt (Gründung, Entwicklung, gegenwärtige Lage — Werkstattmarke usf.)

4) **Arbeit und Gerät**

— **Vorbereitende Arbeiten**:
Holz: Auswahl — Kauf
Holzarten und ihre Verwendung
Zuschnitt und Zuschnittmaße
Aufreißen zu Klaftern
Geräte und Werkzeug hierfür
Holzbehandlung — Lagerung

— **Gleichartige Arbeitsvorgänge** (Grundverrichtungen) mit Nennung der Werkzeuge
Aushauhen der Dauben
Hobeln
Fügen
Biegen
Binden
Bereifen
Herkunft und Art der Bereifung
Boden: Herstellung
Boden: Einsetzen
Dichten, Hilfsmittel und -stoffe
Endbehandlung
Eichung
— **Besondere Arbeitsgänge**
— **Namen — Verwendung — Maße aller hergestellten Gefäße**
einschließlich der Kleingebinde (Haushalt, Landwirtschaft, Weinbau, Gewerbe usf.)

5) **Handel und Vertrieb**

— Direktverkauf
— Zwischenhandel
— Messen und Märkte
— Preisentwicklung
— **Nachbarhandwerke und -gewerbe**
(Schröter, Küfer, Wagner)
Faßpflege und Reparaturen, Kellerarbeit

6) **Brauchtum**

— Ältere und neuere berufsständische Vereinigungen
— Besondere brauchtümliche Formen des Küferhandwerks
— Feste und Feiern, gesellschaftliches Leben, Vereine, Patronate
— Arbeits- und Berufskleidung — Festkleidung
— Zunftzeichen und andere handwerkliche Sachgüter und Altertümer
— Ziergebinde und Schmuckformen
Gab es Gebinde zu besonderen Anlässen, in Verbindung mit wichtigen Ereignissen, Jubiläen, guten Weinjahrgängen usf.?
— Das Küferhandwerk im Volksmund (Sprichwort, Redensart, Handwerkssprüche, Erzählung — Sage, Schwank, Witz, **Lied**)

**Abb.100: Beispiel der durch die Befragung ausgewerteten alten Fotos; Faßfabrik Ruland in Meckenheim, halbmaschinelle Werkstätte, im Hintergrund Maschine zum Anziehen von Bandeisenreifen (1930).**

Die Ergebnisse der Befragung sind zum großen Teil in die vorliegende Schrift eingeflossen. Manche Nachrichten sollen allerdings noch präziser, detaillierter hervorgehoben werden:

Zu 1) Die Anschriften der Informanten finden sich am Schluß dieser Zusammenstellung.
— Als gängige Berufsbezeichnungen wurden »Küfer« und »Faßbinder« bestätigt.

Zu 2) Zwei der hochbetagten Beantworter berichten, daß sie keine Gesellen- oder Meisterprüfung abgelegt haben, weil dies in ihrer Ausbildungszeit nicht wichtig war. Ansonsten finden sich Hinweise auf Lehr- und Gesellenzeit, meistens im elterlichen Betrieb. Die künftigen Meister besuchten noch eine Fachschule (z.B. in Reutlingen) und ließen sich dort im praktischen und theoretischen Bereich auf die Prüfung vorbereiten. Über den handwerklichen Werdegang geben folgende Nachrichten Auskunft, die beinahe berufstypisch sein dürften: »Gelernt beim Vater, gearbeitet in Bingen und Bad Kreuznach, während der Inflation in Luxemburg. Selbständig nach Meisterprüfung 1926. Meisterstück: geschnitztes ovales Halbstückfaß (noch vorhanden)« — mitgeteilt von Küfermeister A. Bäder, 6501 Partenheim. Oder: »Lehre von 1945 - 1948 als Küfer im elterlichen Betrieb in Steinwenden. Von 1948 - 1954 Geselle. Meisterprüfung 1954 in Reutlingen« — mitgeteilt von Küfermeister H. Lösch, 6791 Steinwenden. Oder: »Lehre im elterlichen Betrieb, als Holz- u. Weinküfer v. 1953-56. Als Gesellenstück ein 100 ltr. Faß rund hergestellt ganz von Hand in fremder Werkstatt. — Meisterkurs als Vorbereitung zur Meisterprüfung als Holz- und Weinküfer 1961 an der Bundesfachschule in Reutlingen (Holz) u. Weinsberg (Wein) zus. 5 Monate« — mitgeteilt von Küfermeister F. Wadle jr., 6741 Gleisweiler. Oder: »Lehre als Holz- und Weinküfer (1953-1957), 1957 Gesellenprüfung als Holzküfer in der Königsbacherbrauerei Koblenz. Gesellenstück: ein Doppelhekto (200 l Faß), Meisterstück: ein ovales Halbstück mit Türchen (für Reinigung),

1962 Meisterprüfung« — mitgeteilt von Küfermeister H.-W. Schier, 5583 Zell.

— Als Gesellenstücke werden in der Regel Hektoliter-Fässer angegeben, manchmal auch spezielle Gebinde wie ein Schankfaß (Thekenfaß für Bier) und ein Blumenkübel. Als Meisterstücke dominieren Halbstückfässer, öfters mit geschnitzten Faßböden. Zum Beispiel: »Ovales Faß, Halbstück 650 ltr., mit geschnitztem Vorderboden; Faßriegel-Motiv: Adam und Eva sitzend unter dem verbotenen Apfelbaum« — mitgeteilt von Küfermeister G. Hundemer, 6731 St. Martin.

— An Leistungswettbewerben nehmen vor allem junge Handwerker und junge Meister teil. Als Befähigungsnachweis muß ein besonders schwierig herzustellendes Gebinde — etwa ein eiovaler Trichter — oder ein geschnitzter Faßboden gearbeitet werden.

— Vgl. zu Lehr- und Fachbüchern die Einleitung. Zeichnungen wurden auf der Meisterschule nach dem Muster von Josef Dengels: »Vorlagen für das technische Skizzieren und Zeichnen der Küfer und Kübler an den gewerblichen Unterrichtsanstalten« gefordert.

— An nebenberuflichen Tätigkeiten finden sich alle landwirtschaftlichen Bereiche einschließlich Weinbau und Weinkommission, auch Eichmeister, sowie die anderen holzverarbeitenden Berufe. Interessant ist in diesem Zusammenhang die Mitteilung von Küfer- und Stellmachermeister Peter Steffens aus Bremm an der Mosel: »Das Küferhandwerk wurde früher als Nebenberuf bei Schreinern, Stellmachern und Winzern ausgeführt. Da die Winzerarbeiten im Juli — August zu Ende gingen, hatten auch viele Zeit, sich für Faßarbeiten zu interessieren. Zu diesem Zweck lernten sie die Arbeiten in 2 oder 3 Sommern. — Ich eignete mir die Kenntnisse bei meinem Vater an, der in den Jahren, da Aussicht auf Bedarf an Fässern bestand, als Schreinermeister auch Fässer machte...« Bestätigt wird dieser Hinweis von Küfermeister Wagner aus Zeltingen: »Mein Schwiegervater, der ebenfalls Küfer war, erzählte mir, daß früher (um 1900) in 78 Scheunen des Dorfes Fässer gemacht wurden, und zwar von Schreinern und Winzern, die sich die Grundzüge des Handwerks selber beigebracht oder in einer Küferei angesehen hatten. Die Küfer empfanden diese Nebenproduktion für den Eigenbedarf nicht als Konkurrenz; denn sie arbeiteten vorwiegend für die Kellereien und Weingüter und waren weitgehend ausgelastet».

Zu 3) Die Werkstätten liegen neben dem Wohnhaus oder sind in zugehörigen Gebäulichkeiten — wie Scheune oder Schuppen — untergebracht. Meistens handelt es sich um geringe Grundflächen von ca. 20-40 qm. Dies erklärt sich daraus, weil ein großer Teil der Arbeit im Freien ausgeführt werden konnte. Die Einrichtung der Werkstatt ähnelt denjenigen einer Schreinerei, Wagnerei oder Stellmacherei. Im Unterschied zu ihnen weisen Küfereien allerdings ein bis 50 cm tiefes, kreisrundes Loch im Boden auf, in welches ein Faß beim Auftreiben der Reifen und anderen Arbeitsgängen gestellt werden kann. Diese Vertiefung erleichtert vor allem von Statur kleinen Küfern die Arbeit.

— Die meisten Küfereien waren kleine Familienbetriebe mit nur wenigen Lehrjungen oder Gesellen. Nur einige Werkstätten, die schon an der Schwelle zur halbmaschinellen Fertigung standen und über gute Absatzmöglichkeiten verfügten, konnten sich bis zu zehn oder zwölf Gesellen erlauben.

— Der Umfang der Jahresproduktion belief sich auf bis zu 100-120 Fässer; dazu kamen 20-30 Traubenbütten und kleine Gebinde. Die Küferei Wagner/Zeltingen hatte bis zur Dorfkirmes (Anfang August) regelmäßig bereits 40-45 Fuderfässer gearbeitet, so daß man im Dorf sagte, der Küfer hätte seinen Herbst (Weinlese) schon zur Hälfte eingefahren. Meistens allerdings setzte die Hauptarbeitszeit erst im August ein.

— Vgl. zur technischen Einrichtung die Kapitel »Werkzeug« und »Vielfalt der Gefäße«.

— Viele Werkstätten können auf eine beträchtliche Tradition zurückblicken. Oft heißt es, »vom Vater und Großvater ererbt«. Manche Gründungsdaten — 18./19. Jh. — sind überliefert.

— Bei der »gegenwärtigen Lage« wiederholen sich Bemerkungen wie: Betrieb ruht. — Betrieb abgemeldet seit 1975. — Die Werkstatt wird jetzt als Reparaturwerkstatt für die Süßmosterei und als Bastelraum genutzt. — Seit 1960 ständig rückläufig. Handwerk bietet keine Existenzgrundlage mehr. Das Holzküferhandwerk hat fast keinen Nachwuchs mehr. Besser gestellt ist jetzt der Wein- und Kellerküfer-Beruf. — Nach 1960 starker Rückgang der Holzfaßfertigung durch Einzug des Kunststoffs in die Kellerwirtschaft... Heute werden ausschließlich Reparaturarbeiten ausgeführt.

Zu 4) Vgl. hierzu das Kapitel »Herstellung eines Fuderfasses«. Aufschluß geben außerdem folgende Kurzberichte: »Gutes Eichenholz wurde zur Herstellung von Fässern verwandt. Das meiste Holz wurde hier aus den Wäldern verarbeitet; allerdings haben wir auch vieles Eichenholz aus den Eifelwäldern gebraucht. — Das Holz wurde dann in Sägewerken zu Dauben zugeschnitten. Holz für ein Faß war eine Zarge und wurde auch handelsüblich gekauft. In der Zeit vor dem zweiten Weltkrieg wurde das Holz meistens mit der Spaltaxt gespalten. Fässer aus Spaltholz hatten eine längere Lebensdauer und hatten für den Ausbau des Weines, wegen des geringen Füllweinverbrauches, den Vorzug« — mitgeteilt von Küfermeister Ph. Goeres, 5581 Briedel. — Oder: »Holzkauf meist im Wald als Stammholz. Heute wäre das beste Eichenholz, das früher zur Faßherstellung Verwendung fand, viel zu teuer, da dies von den Furnierwerken teuer bezahlt wird. In unserem Raum wurde auch des öfteren Kastanienholz zur Herstellung von Fässern verwendet, das bei uns an den Haardträndern häufig wächst (oft längere Lebensdauer als Eichenholz, besonders in feuchten Kellern. Holztrocknung meist im Freien, man rechnete pro cm Holzstärke ein Jahr Trocknung« — mitgeteilt von Küfermeister F. Wadle jr., 6741 Gleisweiler. — Oder: »Das Holz wurde früher als Rundholz im Wald gesteigert, in der Sägemühle zu Blockware gesägt und im Hof getrocknet. 80% Kiefern-, 20% Eichenholz. Kiefernholz wurde für Jauchefässer, Fleischbütten, Badewannen (für das Landstühler Moorbad) und für Herbstbütten, die in die Vorderpfalz abgesetzt wurden, verarbeitet. Eichenholz brauchte man für Weinfässer und Fleischbütten« — mitgeteilt von Küfermeister H. Lösch, 6791 Steinwenden. — Ergänzend kann gesagt werden, daß in der Pfalz das Holz in »Daubhäuschen« gestapelt wurde. Außerdem ist ein Hinweis der Küferei Wagner/Zeltingen bemerkenswert: »Da die meisten Küfereien nicht sehr finanzkräftig waren und man sich deswegen kaum große Holzlager anschaffen konnte, wurde — besonders in weinreichen Jahren (1936, 1960) — viel grünes Holz verwendet. Gleich nach dem Kauf wurden die Stämme im Sägewerk zugeschnitten und zwei Tage später schon mit Most gefüllt. Standen die Fässer später leer, trockneten die Dauben leicht aus und schrumpften. Dies war allerdings nicht schlimm, denn die Fässer waren mit Nockenreifen (»Faulenzerreifen«) gebunden, die in ihrer Weite regulierbar waren, so daß die Reifen angezogen werden konnten. Das war eine Arbeit, die von den Winzern hier an der Mosel alleine, ohne die Hilfe eines Küfers zu beanspruchen, verrichtet werden konnte.«

— Vgl. zu den »gleichartigen Arbeitsgängen« das Kapitel »Herstellung eines Fuderfasses« — ebenso zu den »besonderen Arbeitsgängen«. — Siehe zu »Namen — Verwendung der Gefäße« das Kapitel »Vielfalt der Gefäße«.

— Eine fachgerechte Eichung ist heute kaum mehr möglich, weil in den meisten Dörfern keine Eichmeister mehr arbeiten. Sie saßen früher z.B. fast in jedem Moseldorf. Heute muß man bis nach Trier fahren, um ein Faß eichen zu lassen.

— An Maßen sind gebräuchlich: Fuderfaß an der Mosel (früher 960 l, heute 1000 l), Halbfuderfaß; Stückfaß am Rhein, in der Pfalz und Rheinhessen (1200 l), Halb- oder Viertelstück, Ohm (150-160 l) und schließlich das Hektofaß.

Zu 5) Beim »Handel und Vertrieb« handelt es sich fast immer um den Direktverkauf. Manchmal belieferte der Küfer auch weiter entfernte Landschaften, wie das Beispiel der Böttcherei Gleditsch aus Essen zeigt. Man stellte hauptsächlich Butter- und Heringsfässer her, transportierte den letzten Artikel in hohen Stückzahlen nach Ostfriesland und nahm dort die Gelegenheit wahr, sich mit Schilf — als Verdichtungsmaterial für die Fugen der Fässer — einzudecken.

— Preisentwicklung: 1920 nahm man für ein Fuderfaß ca. 1200,-- RM (an der Mosel), 1951 ca. 450,-- DM und bis 1975/76 ca. 600-700,-- DM. Über die hohen Holzkosten der letzten Jahre klagen die Küfer heftig; sie sehen in dieser Preisentwicklung, die es ihnen kaum erlaubt, mit den Kunststoffbehältern zu konkurrieren, einen weiteren Anstoß zum Niedergang ihres Handwerks.

— Vgl. zu den Nachbarhandwerken das Kapitel »Weinküferei«.

Zu 6) Siehe zum »Brauchtum« die Kapitel »Zünfte« und »Innungen«, »brauchtümliche Formen«, »Kleidung«, »Herstellung eines Fasses« (für Ziergebinde mit geschnitzten Böden) und »Sprichwörter«.

— Zum Thema des Liedes sei auf das »Liederbuch für das Böttcher-, Binder-, Schäffler- und Küfer-Gewerbe« hingewiesen (herausgegeben und verlegt von C.F. Hertel, Gandersheim, Verlag der Zeitschrift 'Der Böttchermeister', 1925). Der Band enthält 142 Liedvorschläge, die nach den Gruppen »Allgemeine Böttcher- und Küferlieder«, »Zu den Bundestagen«, »Den Frauen«, »Lieder der Landesverbände« und »Allgemeine Volks- und Handwerkslieder« geordnet sind. Den Tenor dieser Lieder, die in der Tradition der Rheinromantik stehen, gibt das folgende Beispiel wider:

Mel.: Crambamboli

Die Binderkunst steht hoch in Ehren
In aller Welt seit alter Zeit;
Der Menschheit Wohlfahrt zu vermehren
Ist sie mit Fleiß auch erzbereit.
Was wär die Welt auch ohne sie?
Wo bliebe dann :,: Crambamboli? :,:

Sie ist der gute Geist im Keller;
Was wär' der Küfer ohne Faß?
Sei's Gerstensaft, sei's Muskateller,
Ein Faß bedarf das edle Naß!
Drum soll sie blühen immerdar,
Und leben noch :,: viel' tausend Jahr! :,:

Sie übt ihr segensreiches Walten
Im Bürger- wie im Fürstenhaus;
Denn keine Hausfrau könnte schalten,
Ging dieser Kunst der Atem aus!
Drum hoch das Glas! Es leb' die Kunst!
Ihr bleibe treu :,: des Himmels Gunst! :,:

Liste der Küfer, ehemaligen Küfer und Küferfamilien, die als Informanten an der Befragungsaktion teilnahmen:

Bäder, Alfred, 6501 Partenheim (Rheinhessen)
Bappert, Richard, 6531 Oberheimbach (Rhein)
Barz, Wilh., 5558 Enkirch (Mosel)
Bömer, Karl und Konrad, Alf (Mosel)
Burg, Theo, 5586 Reil (Mosel)
Buß, Theo, 5581 Pünderich (Mosel)
Echternacht, Helmut, 6759 Offenbach-Hundheim (Glan)
Euler, Ewald, 6551 Meddersheim (Nahe)
Franzen, 5591 Bremm (Mosel)
Gassen, Peter (+), 5583 Zell-Kaimt (Mosel)
Gies, Heinrich, 6702 Bad Dürkheim (Weinstraße)
Gleditsch, Gustav Adolf (+), 43 Essen-Frintrop
Goeres, Philipp, 5581 Briedel (Mosel)
Gretoire, Fritz, Siebeldingen (Pfalz)
Hoechstetter, Klaus, 4600 Dortmund 16
Hösch, Hans, 6551 Hackenheim/über Bad Kreuznach
Horch, Franz, 6501 Saulheim 1 (Rheinhessen)
Hundemer, Gebhard, 6731 St. Martin (Pfalz)
Jakoby, Johann, 5561 Sehlem (bei Trier)
Kranz, Andreas, 5591 Ediger (Mosel)
Lauff, Philipp, 6551 Weinsheim/über Bad Kreuznach
Laux, Harald, 6524 Guntersblum (Rheinhessen)
Lösch, Helmut, 6791 Steinwenden (Pfalz)
Nicolaus, Friedrich, 6740 Landau-Mörzheim (Pfalz)
Niehues, Heinz sen., 4407 Emsdetten/Westfalen
Oberhofer, Alfred, 6731 Kirrweiler (Pfalz)
Ruland, Willy, 5309 Meckenheim (bei Bonn)
Scherer, Friedrich (+), 5583 Zell-Kaimt (Mosel)
Scherer, Josef (+), 5583 Zell-Kaimt (Mosel)
Schier, Hans-Werner, 5583 Zell (Mosel)
Schneiderheinze, Jakob, 6521 Flörsheim-Dalsheim (Rheinhessen)
Schroer, Alfred, 43 Essen
Schwarz, Klaus und Oskar, 6551 Bockenau/über Bad Kreuznach
Simon, Martin (+), 5581 Pünderich (Mosel)
Steffens, Peter, 5591 Bremm (Mosel)
Steigner, Emil, 6711 Dirmstein (Pfalz)
Wadle, Friedrich, 6741 Gleisweiler (Pfalz)
Wagner, Edmund, 5553 Zeltingen (Mosel)
Wagner, Josef, 551 Saarburg (bei Trier)